Quis custodiet custodes?

Mit Dank für all jene, die mich bei meiner rigiden Forderung nach Verschlüsselung nicht im Stich gelassen haben und (trotzdem) PGP (widerwillig) nutzen: Angelika, Birgit, Juliane , Melanie und Sven sowie Tabea.

Quis custodiet custodes?[1]

(Wer bewacht die Wächter?)

oder

Eine einfache, praxisorientierte Anleitung, wie Sie E-Mails und Dateien mit PGP oder S/MIME schützen können, und warum es sich lohnt, dies zu machen.

Ergänzt mit Tips für eine sichere Kommunikation und Internetnutzung.

Florian Schäffer

---

[1] frei nach Decimus Iunius Iuvenalis, kurz Juvenal (römischer Satiriker),
https://de.wikipedia.org/wiki/Liste_lateinischer_Phrasen/Q#Quis

Bibliografische Information der Deutschen Nationalbibliothek: Die Deutsche Nationalbibliothek verzeichnet diese Publikation in der Deutschen Nationalbibliografie; detaillierte bibliografische Daten sind im Internet über http://dnb.dnb.de abrufbar.

Herstellung und Verlag: BoD – Books ond Demand, Norderstedt
Foto Umschlagseite: The National Archives (UK), Creative Commons Attribution 3.0 Unported license (https://creativecommons.org/licenses/by/3.0/deed.de)

ISBN: 978-3-7347-5716-7

1 Einleitung

Wieso das ganze?

1.1 Die 30-Sekunden-Erklärung

"Das ist zwar alles schlimm, aber solange die mir nicht an meine Geldbörse gehen, ist es mir egal."

Wenn Sie eine E-Mail schreiben und verschicken, kann jeder, der einen Teil der Internetinfrastruktur bereitstellt und über dessen Technik die Daten transportiert werden, die Nachricht lesen und verändern. Staatliche Institutionen in Deutschland, Europa und der ganzen Welt (vornehmlich in den USA) speichern jede E-Mail, die im Internet verschickt wird, dauerhaft ab und werten die Inhalte aus. Eine Zusammenstellung von Nachrichten[1] zum Thema Überwachung finden Sie im Web, wenn Sie sich weiter einlesen wollen.

Oft wird eine E-Mail mit einer Postkarte verglichen: Der Inhalt ist nicht vertraulich. Allerdings ist es bei Postkarten niemals vorgekommen, daß alle Karten durch Fremde kopiert und archiviert wurden.

Auch wenn Sie sagen "meine E-Mails interessieren doch keinen" oder "ich habe nichts zu verbergen", so ist es dennoch ratsam, Nachrichten so zu verschlüsseln, daß nur Sie und der beabsichtigte Empfänger die Nachricht lesen können. Nur so können Sie Ihre Freiheitsrechte **be**schützen. Aus reiner Bequemlichkeit auf die Möglichkeiten der Kryptographie zu verzichten, wäre ausgesprochen dumm und kurzsichtig.

Zudem bedeutet der Einsatz von Kryptographietechniken Ihrerseits keinerlei Nachteile. Sie können wie gewohnt weiterhin per E-Mail kommunizieren – auch mit Leuten, die (noch) kein PGP oder S/MIME nutzen.

---

[1] http://www.blafusel.de/nsa/news.html

Das Bundesamt für Sicherheit in der Informationstechnik[1] spricht sich für eine Verschlüsselung von E-Mails aus: «Rechte und Freiheiten, die in anderen Kommunikationsformen längst selbstverständlich sind, müssen wir uns in den neuen Technologien erst sichern. Das Internet ist so schnell und massiv über uns hereingebrochen, daß wir mit der Wahrung unserer Rechte noch nicht so recht nachgekommen sind».

Wenn Sie jetzt neugierig sind und mehr zum Hintergrund wissen wollen, lesen Sie auch noch das nächste Kapitel: Die 60-Minuten-Erklärung oder schauen Sie sich beispielsweise das Interview[2] mit dem Whistleblower[3] Edward Snowden an oder besuchen Sie eine Webseite[4] zum Thema.

1.2 Die 60-Minuten-Erklärung

Aktueller Hintergrund

Im Sommer 2013 machen die USA Schlagzeilen durch Aufdeckung des PRISM-[5] und XKeyscore-[6] Überwachungsprogramms zur Kontrolle und Auswertung von elektronischen Medien und elektronisch gespeicherten Daten seitens der NSA. Es sind so viele Meldungen und erschreckende Aufdeckungen, daß man kaum noch folgen kann. Die USA überwachen alles.

---

[1] https://www.bsi.bund.de/DE/Themen/ProdukteTools/Gpg4win/ gpg4win_node.html

[2] http://www.ardmediathek.de/das-erste/ard-sondersendung/edward-snowden-exklusiv-das-interview?documentId=19287388

[3] https://de.wikipedia.org/wiki/Whistleblower

[4] http://www.blafusel.de/nsa/

[5] https://de.wikipedia.org/wiki/Prism

[6] https://de.wikipedia.org/wiki/XKeyscore

- Anrufe werden aufgezeichnet und gespeichert und nachträglich abgehört: Ex-Terrorfahnder: Keine digitale Kommunikation ist sicher[2]

- USA: Polizeiliche Netzüberwachung ohne Richterbeschluss[3]

- US-Regierung zapft Kundendaten von Internet-Firmen an[4]

- Whisteblower Snowden lieferte tausende Dokumente über PRISM[5]

- Facebook und Microsoft informieren ein wenig über NSA-Anfragen[6] (bei der Vielzahl an Abfragen ist es rein rechnerisch gar nicht möglich, daß jedesmal ein Richter sein OK gab)

- NSA-Überwachungsskandal: Von PRISM, Tempora, XKeyScore und dem Supergrundrecht – was bisher geschah[7]

- Zwischenruf: Warum die NSA-Affäre alle angeht[8]. Eine leicht verständliche Zusammenfassung die etwas weniger polemisch ist, als mein Text.

- NSA-Überwachungsskandal: Von NSA, GCHQ, BND, PRISM, Tempora, XKeyScore und dem Supergrundrecht – was bisher geschah[9]

---

[1] http://www.vorratsdatenspeicherung.de
[2] http://heise.de/-1856682
[3] http://heise.de/-1860808
[4] http://heise.de/-1884264
[5] http://heise.de/-1886567
[6] http://heise.de/-1889165
[7] http://heise.de/-1931179
[8] http://heise.de/-1939902
[9] http://heise.de/-1958399

- World Wide War. Wie mit Hinweis auf die Terrorabwehr das Post- und Fernmeldegeheimnis verletzt wird und wie private Räume immer mehr öffentlich werden. ZDFinfo Video[1]

Jede E-Mail, jede Webseite, jeder Webseitenabruf, jede Suchanfrage, jedes Telefonat, jede SMS ist betroffen. Deutlich macht dies eine Grafik der NSA aus einem Artikel der Washington Post:

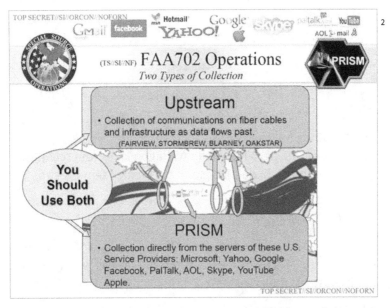

Mit "Upstream" wird die gesamte Kommunikation auf den transatlantischen Datenleitungen abgegriffen. "PRISM" sammelt Daten in den USA direkt von den Servern von Microsoft, Yahoo, Google, Facebook, PalTalk, AOL, Skype, YouTube und Apple.

Und immer noch gibt es Leute, die behaupten, sie hätten ja nichts zu verheimlichen, es sei doch gut, wenn dadurch die Bösen

---

[1] http://www.zdf.de/ZDFmediathek/beitrag/video/1998088/World-Wide-War?flash=off

[2] http://www.washingtonpost.com/wp-srv/special/politics/prism-collection-documents/

gefunden würden. Nur: Wer entscheidet, wer zur Achse des Bösen[1] gehört? So viele Kriege[2], Demonstrationen[3], Aufstände[4] usw. wurden von den Machthabern als Angriff auf sonst was bezeichnet, wurden aber zumindest von der "freien Welt" als positiv gewertet und führten im Nachhinein betrachtet in die Freiheit, zu Demokratie und Menschenrechten etc. - oder auch zu noch mehr staatlicher Unterdrückung. In der Türkei werden 2013 mehr oder weniger harmlose Demonstranten von der eigenen Regierung als Terroristen[5] betitelt. Das Wort *Terrorist* sitzt seit 9/11 ziemlich locker bei Regierungen und Sicherheitsorganen. Wann ist das, was bisher eine harmlose Kommunikation war, ein terroristischer Akt? Die Einwanderungsbehörde der USA kann jeden Einreisenden bei kleinstem Verdacht an der Grenze oder schon beim Abflug[6] aus einem anderen Land ohne Begründung abweisen[7] - unter dem Deckmantel der Terrorismusbekämpfung. Die USA haben Angst! Ein ganzes Land scheint unter dem Dogma zu leben, daß überall um sie herum das Böse nur darauf wartet, sich über die Bürger herzumachen.

Früher exportierten die USA neue Trends, eine neue Weltanschauung und den American Way of Live. Heute exportieren sie Angst. Und alle Länder lassen sich anstecken. Aus Angst vor einer möglichen Gefahr, die keiner genau beschreiben kann, die keiner kennt und über die keiner redet, weil er zum Stillschweigen verdonnert ist, lassen wir uns in unseren Freiheiten beschneiden, nehmen immer mehr Überwachung und Kontrolle in Kauf und

---

[1] https://de.wikipedia.org/wiki/Achse_des_B%C3%B6sen
[2] https://de.wikipedia.org/wiki/Koreakrieg
[3] https://de.wikipedia.org/wiki/Arabischer_Fr%C3%BChling
[4] https://de.wikipedia.org/wiki/Tian%E2%80%99anmen-Massaker
[5] http://www.n-tv.de/politik/Tuerkei-droht-mit-Armee-article10832831.html
[6] http://www.faz.net/aktuell/feuilleton/buecher/autoren/einreiseverbot-fuer-ilija-trojanow-willkuer-und-freiheit-12599490.html
[7] http://www.merian.de/magazin/usa-wir-alle-sind-terroristen.html

lächeln über die, die Orwell[1] zitieren. Ist doch (noch!) alles nicht so schlimm, das hat doch seine Berechtigung, das ist zum Wohle der Allgemeinheit.

Und was haben wir davon? Weniger Angst? Nein.

Wir leben in einer Diktatur, wenn wir uns von anderen diktieren lassen, daß wir Angst haben sollen, daß wir ständig bedroht werden. Hätten Sie Angst, wenn der Terror nicht mindestens einmal täglich irgendwo breitgetreten werden würde? Ich habe keine Angst vor einer nicht greifbaren, abstrakten Gefahr. Ich habe angst davor, daß wieder einmal meine Rechte beschnitten werden. Zumal unsere Demokratie nicht ohne Grund auf dem Prinzip der Gewaltenteilung[2] basiert. Wenn aber ein Geheimdienst zusammen mit dem US-Geheimgericht FISC (Foreign intelligence Surveillance Court) (Jurisdiktion) sich willkürliche Gesetzte (Legislative) ausdenkt und diese mit eigenen Geheimdienstmitarbeitern auch noch durchsetzt (Exekutive), dann wird das (bei uns im Grundgesetz Artikel 20[3] verankerte) Modell ad absurdum geführt und die genannten Organe handeln widerrechtlich.

"Das alles führt zur Einschüchterung der Nutzer. «Chilling Effects» nennt man es, wenn allein das Wissen, dass Überwachung, zumal flächendeckende, stattfinden könnte, zu vorauseilendem Gehorsam führt. Wenn sich Nutzer fragen, ob die Nachricht, die sie schreiben, das Video, das sie anschauen, die Lektüre des Textes, den sie lesen, nicht irgendwann gegen sie verwendet wird. Und dann die Nachricht nicht schreiben, den Text nicht lesen, das Video nicht gucken. Wer so aus Angst vor Folgen handelt, ist

---

[1] http://www.der-postillon.com/2013/08/geheime-regierungsplane-geleakt.html

[2] https://de.wikipedia.org/wiki/Gewaltenteilung

[3] https://de.wikipedia.org/wiki/Artikel_20_des_Grundgesetzes_f%C3%BCr_die_Bundesrepublik_Deutschland

---

fremd im eigenen Haus. Er ist auch kein Bürger mehr. Er ist ein Untertan."[1]

"Die weitläufige Überwachung von Telefonverbindungen und des Internet durch amerikanische Geheimdienste hat nach Angaben der US-Behörden in den vergangenen Jahren etwa 50 Terror-Verschwörungen in 20 Ländern vereitelt."[2] In einem einzelnen Jahr (bspw. 2008) gab es in den USA 702.907 Verbrechen und Vorfälle[3] und 10.869 Tötungsdelikte[4] mit Schußwaffen[5]. Trotzdem redet kein amtierender Politiker und kein Überwachungsfanatiker davon, die NRA[6] zu verbieten oder besser zu kontrollieren/zu überwachen oder gar die Wahlkampfversprechen zum verschärften Waffenbesitzrecht umzusetzen. In Deutschland waren es immerhin auch 171 Tötungen[7]. Mehr Menschen als je durch einen Terroranschlag hierzulande starben, und dennoch werden Unsummen an Steuergeldern zur totalen Überwachung der Bürger mit der Begründung zur Terrorabwehr ausgegeben bei gleichzeitig ziemlich laxen Waffenbesitzrecht.

Und wohlgemerkt: Es geht um "Verschwörungen" nicht Attentate! Nachprüfen kann das keiner. Wieviele Menschen wären dabei vielleicht gestorben? Und es geht auch nicht um die Überwachung von Verbrechern. Solche sind nämlich verurteilt und dürfen im gesetzlichen Rahmen durchaus überwacht werden. Die ganze Überwachung richtet sich gegen *Verdächtige*. Wer aber verdächtig ist und wieso, unterliegt dabei ausschließlich einer subjektiven Betrachtung. Jeder kann sehr schnell zum Verdächti-

---

[1] http://sz.de/1.1746611
[2] http://www.zeit.de/digital/2013-06/obama-nsa-terroranschlaege
[3] http://www.nij.gov/topics/crime/gun-violence/
[4] http://www.bjs.gov/index.cfm?ty=pbdetail&iid=2221
[5] https://de.wikipedia.org/wiki/Bowling_for_Columbine
[6] https://www.youtube.com/watch?v=5ju4Gla2odw ("From my cold dead hands" [2:07])
[7] http://www.unodc.org/unodc/en/data-and-analysis/homicide.html

---

gen werden – ganz unabhängig davon, ob er objektiv betrachtet wirklich ein Verbrechen begehen will.

Aber nicht nur die USA spionieren. Auch die deutschen[1] (und viele andere[2] Staaten[3] auch) und sie wollen immer mehr Daten durchforsten. Vorreiter im negativen Sinn sind neben der NSA hier u. a. der französische Auslandsnachrichtendienst Direction Générale de la Sécurité Extérieure (DGSE) und das britische Government Communications Headquarters (GCHQ).

"2011 hatte der Bundesnachrichtendienst fast 2,9 Millionen E-Mails und SMS wegen des Verdachts auf Terrorismus, Waffen- oder Menschenhandel überprüft."[4]

Und (angeblich) haben die deutschen Politiker nicht einmal davon gewußt[5], daß sie selbst von den Briten ausgeschnüffelt werden. Es werden sogar Lügen wie "es werden normale Bürger nicht ausspioniert"[6] vom ehemaligen Bundesinnenminister Hans-Peter Friedrich (CSU) verbreitet. Da fragt man sich doch, wozu die eigene Schnüffelei gut ist, wenn man nicht einmal den Feind im eigenen Bett erkennt[7]. Aber vermutlich hätte man dazu einfach noch mehr Nachrichten "überprüfen" müssen. Ist doch eigentlich eine gute Argumentation: "Wir brauchen die totale Überwachung, damit wir die totale Überwachung anderer überwachen können".

Die Vogel-Strauß-Nutzer werden auch dies nicht als störend empfinden. Aber sie sollten sich überlegen, wie es weitergeht: Britische Internet-Provider müssen Porno-Filter einsetzen[8]. Das ist

---

[1] http://heise.de/-1889298
[2] http://heise.de/-1893793
[3] http://heise.de/-1894852
[4] Bericht des Parlamentarischen Kontrollgremiums des Bundestages (PDF): http://dip21.bundestag.de/dip21/btd/17/127/1712773.pdf
[5] http://heise.de/-1895776
[6] "Illner Intensiv" im ZDF, http://www.zdf.de/ZDFmediathek/beitrag/video/ 1973500/Was-ist-der-Preis-der-Zuwanderung, Zeit: 31:15
[7] http://heise.de/-1895806
[8] http://heise.de/-1890846

Zensur[1]! Wer Pornos zensieren[2] kann, hat die Technik zur Hand, alle anderen Inhalte auch zu zensieren. Die Zensur erfolgt nämlich auf der Basis einer Liste von Webadressen und Wortlisten[3] und nicht nach der Analyse tatsächlicher Inhalte. Wer entscheidet, was zensiert werden darf oder wie weit wir entmündigt werden dürfen?

Für Frieden, Freiheit, Öl und Waffengeschäfte opfern wir tausende Zivilisten und Soldaten bereitwillig. Vielleicht sollten wir lieber auch ein paar Opfer durch Verschwörungen akzeptieren, bevor wir hinnehmen, daß wir (wieder) in einem Überwachungsstaat leben. Gänzlich[4] verhindert[5] hat die ganze Schnüffelei nämlich gar nichts[6]. Es gab schon immer Tote, weil andere ihre Ideologie (von Glauben[7], Frieden[8], Gerechtigkeit[9] usw.) nicht mit Worten durchsetzen konnten, sondern lieber zur Waffe griffen. Wieso werden für den kläglichen Versuch Frieden zu erzwingen viele Freiheiten, für die unsere Vorfahren und Mitmenschen gekämpft haben, die in unserer Verfassung oder dem Grundgesetz garantiert sind, auf dem Altar der Terrorismusbekämpfung geopfert[10]?

Es ist schon peinlich: Ein Staat, der sonst vermeintliche Feinde ohne Gerichtsverfahren oder Zubilligung von Menschenrechten[11] einfach entführt[12] und verschleppt, bettelt bei den Mächten, die

---

[1] http://heise.de/-1925323
[2] http://diepresse.com/home/techscience/internet/sicherheit/1438923/
   Deutschland_CSU-will-alle-Pornos-im-Netz-sperren?from=simarchiv
[3] http://heise.de/-1930098
[4] https://www.google.de/#q=attentat+irak+afghanistan&safe=off
[5] https://www.google.de/#q=attentat+israel&safe=off
[6] https://de.wikipedia.org/wiki/Anschlag_auf_den_Boston-Marathon
[7] https://de.wikipedia.org/wiki/Kreuzzug
[8] https://de.wikipedia.org/wiki/Attentat_von_Sarajevo
[9] https://de.wikipedia.org/wiki/R%C3%B6misches_Reich
[10] https://de.wikipedia.org/wiki/Postgeheimnis
[11] https://de.wikipedia.org/wiki/Menschenrecht#B.C3.BCrgerliche_und_
   politische_Rechte
[12] https://de.wikipedia.org/wiki/Gefangenenlager_der_Guantanamo_
   Bay_Naval_Base

---

er vorher ausgespäht[1] und so gegen sich aufgebracht hat, nun darum, daß ihm ihr derzeitiger Staatsfeind Nr. 1[2] ausgeliefert wird.

"[US-Außenminister John Kerry] drängte Russland demnach dazu, sich an die juristischen Standards zu halten, "denn das ist in jedermanns Interesse."[3]

Datenschutz und Privatsphäre sind dann wohl keine Standards in jedermanns Interesse, sondern Werkzeuge des Terrorismus. Und trotz der allumfassenden Überwachung wissen die Behörden nicht einmal, wo sich "der böse Verräter" gerade aufhält.

ARTIKEL 12: [4]

Niemand darf willkürlichen Eingriffen in sein Privatleben, seine Familie, seine Wohnung und seinen Schriftverkehr ausgesetzt werden.

DIE ALLGEMEINE ERKLÄRUNG DER MENSCHENRECHTE – ICH SCHÜTZE SIE, SIE SCHÜTZT MICH.

AMNESTY
INTERNATIONAL

«Bundesinnenminister Friedrich hat der Sicherheit Vorrang vor allen anderen Grundrechten eingeräumt, auch der Freiheit. "Sicherheit ist ein Supergrundrecht", das gegenüber anderen Rechten herauszuheben sei, erklärte der CSU-Politiker. Obwohl er noch versucht hat, diese Aussage zu relativieren, scheint er die Grundrechte damit zu Privilegien zweiter Klasse entwerten zu wollen. Dabei stehen sie gerade als Abwehrrechte gegen Eingriffe des Staates in der Verfassung. Sein Parteikollege Hans-Peter Uhl,

---

[1] http://www.n-tv.de/politik/Snowden-landet-in-Moskau-article10872361.html
[2] https://de.wikipedia.org/wiki/Edward_Snowden
[3] http://heise.de/-1895906
[4] https://www.amnesty.de/

Innenexperte der Unionsfraktion, bezeichnete das Recht auf informationelle Selbstbestimmung gar als eine "Idylle aus vergangenen Zeiten".»[1]

«Das Nachrichtenmagazin Der Spiegel berichtete[2] vom Angriff der NSA und der GCHQ auf Smartphones (Blackberry, iPhone, Android). Eigenen Angaben zufolge können die Geheimdienste auf die Betriebssysteme zugreifen und dabei nahezu alle sensiblen Informationen eines Smartphones auslesen. In Bezugnahme auf den Roman 1984 von George Orwell fragt eine interne NSA-Präsentation, "wer sich im Jahr 1984 hätte vorstellen können, daß Steve Jobs der wahre Große Bruder sein würde und die Zombies zahlende Kunden sind." Zu den auslesbaren Informationen gehören die Kontaktlisten, die Kurzmitteilungen, Daten verschiedener Anwendungsprogramme, Notizen und der aktuelle Aufenthaltsort des Smartphones. Die vom Spiegel eingesehenen Materialien legen den Schluß nahe, daß es sich nicht um Massenausspähungen handelt, sondern um zielgerichtete, teils auf den Einzelfall maßgeschneiderte Operationen, die ohne Wissen der betroffenen Unternehmen laufen.»[3] Das ganze wird dann auch noch mit drei Bildern untermalt, die jeden Apple-Kunden verhöhnen und zeigen, welche perfiden Gedanken die Geheimdienste haben (und dabei tatkräftig durch die Apple-Jünger unterstützt werden):

---

[1] http://heise.de/-1958399

[2] http://www.spiegel.de/spiegel/vorab/nsa-telefon-daten-von-iphone-blackberry-und-android-lesbar-a-920983.html

[3] https://de.wikipedia.org/wiki/%C3%9Cberwachungs-_und_Spionageaff%C3%A4re_2013#.C3.9Cberwachung_und_Auslesen_von_Smartphones

---

Erstes Bild[1]:

"Wer hätte sich 1984 vorstellen können..."

(Werbespot[2] "1984" von Apple zur Einführung des Macintosh)

Zweites Bild[3]:

"...daß dies Big Brother sein würde..."

(Steve Jobs von Apple mit einem iPhone in der Hand)

Drittes Bild[4]:

"...und die Zombies zahlende Kunden sind?"

(iPhone Kunden, die auch beim neuen Update wieder dem Hype[1] verfallen.)

---

[1] Quelle: http://www.spiegel.de/fotostrecke/photo-gallery-spying-on-smartphones-fotostrecke-101201.html
[2] https://www.youtube.com/watch?v=g_d5R6Il0Il
[3] Quelle: http://www.spiegel.de/fotostrecke/photo-gallery-spying-on-smartphones-fotostrecke-101201-2.html
[4] Quelle: http://www.spiegel.de/fotostrecke/photo-gallery-spying-on-smartphones-fotostrecke-101201-3.html

---

Quis custodiet custodes?

Und während die europäische Politik die Bürger nicht aufklärt[2], sondern sich mit Plattitüden abspeisen läßt, keine Gegenmaßnahmen ergreift und die Sache eher unter den Teppich kehren will, obwohl ein EU-Bericht vor der massiven Gefahr für die Demokratie[3] warnt, wird unsere Freiheit wohl eher am Amazonas verteidigt[4], als durch unsere Politiker oder Bürger.

Die Fragen, die sich angesichts dieser eskalierenden Totalüberwachung stellen, sind folgende:

Kann ich etwas gegen die Datenspeicherung und Auswertung meiner E-Mails, Telefonate, Kurznachrichten, Internetaktivitäten usw. unternehmen?

Nein. Egal, welche Partei man wählt oder wie viele Demonstrationen abgehalten werden: Selbst wenn sich die Bundesdeutsche Regierung von einem Paradigmenwechsel überzeugen lassen würde, so interessiert das andere Regierungen nicht. Staaten, in denen die Überwachung bereits etabliert ist (z. B. Großbritannien, USA, China), werden nicht aufhören, immer mehr Daten zu sammeln und die Techniken zu verfeinern. Sie werden sich dabei auch über die Respektierung von besonders geschützten Berufsgruppen wie Journalisten[5] hinweg setzen und diese sogar als "potenzielles Sicherheitsrisiko[6]" einstufen. Auch an internationale Abkommen halten sich diese Länder nicht – immerhin ratifizieren sie auch andere Gesetze[7] nicht und fordern schon jetzt immer mehr Daten[8] ein. Und selbst die EU kriecht vor den Überwachern

---

[1] http://www.welt.de/wirtschaft/article120218186/iPhone-Fans-zwischen-Hype-und-Sicherheitsluecke.html

[2] http://heise.de/-1966208

[3] http://heise.de/-1964635

[4] http://heise.de/-1966154

[5] http://heise.de/-2520440

[6] http://www.theguardian.com/uk-news/2015/jan/19/gchq-intercepted-E-Mails-journalists-ny-times-bbc-guardian-le-monde-reuters-nbc-washington-post

[7] https://de.wikipedia.org/wiki/Rom-Statut

[8] https://de.wikipedia.org/wiki/Passenger_Name_Record

---

auf dem Boden. Delegierte werden daran gehindert[1], die Rechte der EU-Bürger zu verteidigen oder sich zu informieren. Da man als Anwender so gut wie keine Kontrolle darüber hat, welche Server in welchen Ländern die Daten im Internet transportieren, kann man es nicht verhindern, daß sich in der Reihe ein Knoten auch ein System im Ausland befindet (selbst wenn z. B. die E-Mail von einem Deutschen Anwender in Deutschland an einen Empfänger in Deutschland geschickt wird) oder ein ausländisches Unternehmen diesen Knoten kontrolliert oder ein Datensammler die Daten an diesem Knoten (heimlich) abgreifen kann oder die Daten sogar aktiv im Rahmen von Reglementierungen an einen ausländischen Geheimdienst etc. weitergeleitet werden.

Gefahr lauert aber nicht nur da, wo Staaten Daten aus Kommunikationsnetzwerken abgreifen können. Auch das Betriebssystem des PCs sorgt für mangelnde Sicherheit oder öffnet den Behörden heimtückische Hintertüren. Ein Stichwort ist der sogenannte Staatstrojaner[2]: Eine staatliche Software, die heimlich auf dem Computer installiert wird und dann den Vollzugriff auf alle Dateien und Aktivitäten ermöglicht. Eine andere Hintertür[3] kommt mit Windows 8 und nennt sich Trusted Computing: Zusammen mit einer speziellen Hardware in Form eines Chips – dem Trusted Platform Module (TPM), der bei zukünftigen PCs serienmäßig installiert sein wird, hat der Betriebssystemhersteller (in dem Fall Microsoft) uneingeschränkten Zugriff auf den Computer. Und wenn Microsoft Zugriff hat, dann hat es auch die NSA – das befürchtet selbst das Bundesamt für Sicherheit in der Informationstechnik (BSI). Wer dem entgehen will, sollte auf Windows 8 und/oder auf einen Computer mit integriertem TPM verzichten.

Manchmal lauert die unerwünschte Datensammlung aber auch an Stellen, an denen man es eher weniger erwartet und bei Insti-

---

[1] http://heise.de/-2081392
[2] https://de.wikipedia.org/wiki/Online-Durchsuchung
[3] http://www.zeit.de/digital/datenschutz/2013-08/trusted-computing-microsoft-windows-8-nsa

tutionen, denen man naturgemäß eigentlich vertraut, zumal hier das Briefgeheimnis greifen sollte. Aber die Deutsche Post[1] (und vermutlich auch viele andere nationale und internationale Briefdienstleister, wie es zum Beispiel vom U.S. Postal Service[2] bekannt ist) scannen bei jeder Sendung die Adresse und digitalisieren die Daten. Das dient natürlich in erster Linie der schnellen Sortierung. Damit der aufwendige Scanvorgang (und vor allem die ggf. sogar manuelle Schrifterkennung) nur einmal pro Sendung notwendig ist, wird danach ein sogenannter Zielcode [3]mit fluoreszierender oranger (o. ä.) Farbe aufgedruckt. Anschließend kann bei allen weiteren Sortierschritten anhand des Strichcodes die Sendung bearbeitet werden. Es ist also in keiner Weise notwendig, die ermittelten Adreßdaten weiterhin abzuspeichern. Genau das wird aber gemacht: Alle Daten werden gespeichert und sogar an andere Unternehmen und Geheimdienste weitergegeben – ganz ohne richterlichen Beschluß. So kennt der Geheimdienst zwar nicht den Inhalt des Briefes aber weitere Metadaten, aus denen sich Profile erstellen lassen.

Manchmal sind wir sogar selber bereit unsere Privatsphäre aufzugeben. Nur um ein paar Euro zu sparen, installieren wir dann Überwachungstechnik und liefern uns der Willkür von Unternehmen aus, die nicht müde werden, uns vermeidliche Vorteile zu verkaufen, während sie die gewaltigen Nachteile herunterspielen: Versicherungstarif[4] mit GPS-Überwachung, Dashcams[5], Pay-

---

[1] http://heise.de/-1912542
[2] http://www.heise.de/tp/artikel/39/39448/1.html
[3] https://de.wikipedia.org/wiki/Zielcode
[4] http://www.taz.de/!130303/
[5] http://www.tz.de/auto/ratgeber/streit-dashcams-gericht-teilt-bedenken-datenschuetzern-zr-3774233.html

back[1], Google Latitude[2] (Google+, Glympse usw.), Google Screenwise[3], um nur einige zu nennen.

Warum ist es denn nun schlimm, wenn jemand meine privaten E-Mails liest und meine Fotos ansehen kann?

Es ist nur schwer, hierfür wirklich greifbare Argumente zu finden. Natürlich ist es im Grunde belanglos, wenn die NSA erfährt, daß Sie alle Ihre Freunde zum Geburtstag einladen oder wenn jemand beim Internetprovider (z. B. der Telekom, AOL usw.) Ihre Urlaubs-fotos anschaut. Das am häufigsten ins Feld geführte Argument lautet dann "Ich habe doch nichts zu verbergen". Denken Sie immer daran, denn große E-Mail-Anbieter sehen das genau so: Wer ein E-Mail an einen Gmail-Nutzer schickt, verzichtet auf Pri-vatsphäre[4]. Leider bietet die Technik und die Menge an Daten auch viel Potential für Mißbrauch, und Politiker, sowie Geheim-dienstmitarbeiter beweisen leider immer wieder, daß sie das in sie gesetzte Vertrauen mißbrauchen und zu rein privaten Zwe-cken[5] ihre Nase in Dinge stecken, die sie gar nichts angehen und wofür sie keine Berechtigung haben – aus reiner Eifersucht, Neu-gier, Unwissenheut und Dummheit oder Ignoranz.

Vor 25 Jahren gingen die Leute noch auf die Straße und erkämpf-ten im sogenannten Volkszählungsurteil[6] die Anerkennung des informationellen Selbstbestimmungsrechts als vom Grundgesetz geschütztes Gut. Damals ging es darum, daß der Bürger wissen soll und darf, wer was wann und bei welcher Gelegenheit über

---

[1] http://www.zeit.de/online/2008/30/payback
[2] http://www.spiegel.de/netzwelt/mobil/online-ortungsdienst-latitude-google-weiss-wo-du-bist-a-605454.html
[3] http://www.zdnet.de/41560094/screenwise-google-bezahlt-nutzer-fuer-tracking-erlaubnis/
[4] http://de.scribd.com/doc/160285961/Google-s-Motion-in-Gmail-Class-Action-Suit (S. 19f)
[5] http://heise.de/-1968475
[6] https://de.wikipedia.org/wiki/Volksz%C3%A4hlungsurteil

ihn weiß. Heute leben wir in einem Polizeistaat[1] und überblicken die Konzentration an dauerhaft irgendwo von einem Staat gespeicherten (jeder einzelne für sich genommen banale) Informationshappen, die wir selbst nicht kontrollieren können und von denen wir nicht wissen, wer ihm im nächsten Jahr kontrolliert, in keiner Weise mehr.

"Die Gesellschaft muß akzeptieren, daß der Preis der Freiheit eine gewisse Unsicherheit ist. [...] Und selbst wenn es gelungen wäre, die Anschläge [beim Marathon in Boston] zu verhindern: [...] Wäre es das Wert, unsere Gesellschaft in einen Überwachungsstaat zu verwandeln? [...] Wir haben in den USA nach den Terroranschlägen überreagiert und damit sehr viel Schaden angerichtet. Der Schaden dadurch war sogar noch größer als durch die Anschläge selbst. Wir haben unsere demokratischen Institutionen beschädigt."[2]

Wäre es Ihnen nicht auch unangenehm, wenn Ihre normale Post geöffnet würde und ein Polizist jeden Brief, jede Rechnung jeden Kontoauszug, Ihre Wahlunterlagen durchliest? Oder wenn die Kassiererin im Supermarkt alle Fotos durchsieht, die in der Fotoabteilung zur Abholung liegen? Aus dem Lesen Ihrer Rechnungen oder dem Liebesbrief Ihres Freundes, Ihrer Freundin entsteht noch kein Schaden aber welche Möglichkeiten ergeben sich daraus? Nicht ohne Grund gibt es das Briefgeheimnis und es ist ein Grundrecht. Es geht dabei nicht um den Schutz von Geheimnissen, sondern um den allgemeinen Schutz der Privatsphäre.

"Man gebe mir sechs Zeilen, geschrieben von dem redlichsten Menschen, und ich werde darin etwas finden, um ihn aufhängen zu lassen."[3]

---

[1] http://www.daten-speicherung.de/index.php/schneier-der-wert-der-privatsphaere/

[2] Phil Zimmermann (Erfinder von PGP); http://www.cowo.de/a/2547244

[3] vermutl. von Armand-Jean I. du Plessis de Richelieu, siehe http://en.wikiquote.org/wiki/Cardinal_Richelieu

"Alles in allem scheinen die westlichen Geheimdienste zu einem supranationalen und antidemokratischen Monster zu mutieren, für das rechtsstaatliche Schranken immer weniger gelten. Vor diesem Hintergrund ist es der Skandal im Skandal, dass sich in Deutschland, dem Land, in dem mit der Gestapo und der Stasi bereits zwei übermächtige Geheimdienste ihr Unwesen getrieben haben, nicht viel mehr Widerstand rührt."[1]

Man kann sich auch andersherum fragen:

Wieso sammeln die Behörden so viele Daten?

Wenn doch die E-Mail an Tante Erna keine Geheimnisse enthält, warum wird sie dann von der NSA und anderen Behörden abgefangen, analysiert und gespeichert?

Begründet wird die Sammelwut stets damit, daß man nur so Verbrechen und Terrorakte verhindern kann. Wie bereits ausgeführt, kann man aber gar nicht alle Verbrechen verhindern. Eine weitere Stellungnahme[2] zur Frage, wie oft Telefondaten eindeutig bei der Unterbrechung eines Terrorplans geholfen hätten, zeigt, wie traurig das Ergebnis ist: In 54 Fällen seien nur 13 durch die USA nachverfolgt worden und davon habe man nur 12 Fälle teilweise, aufdecken können. Wieder: kein Wort von Vereitelung, man hat lediglich davon gewußt. Dazu wurden aber Millionen von Telefondaten gesammelt und gespeichert. Ein ähnliches Problem gibt es bei der Videoüberwachung: Es werden keine Verbrechen durch vermehrte Überwachung verhindert und auch die Aufklärungsquote[3] ist nur unwesentlich besser. Primär geht es dabei darum, den Menschen ein subjektives Gefühl von Sicherheit zu vermitteln.

---

[1] http://heise.de/-1939888
[2] http://heise.de/-1927890
[3] http://www.derwesten.de/panorama/erbaermliche-aufklaerungsquote-bei-video-ueberwachung-id6750.html

opendatacity.de vergleicht die Sammelwut von Stasi und NSA in einer Grafik, die anschaulich zeigt, wie unvorstellbar gigantisch die Datenmenge ist, die allein die NSA speichern kann. Wenn man alle Daten ausdrucken würde, füllte die Stasi "nur" Aktenschränke mit einer Stellfläche, die in der abgebildeten Landkarte nicht einmal einen einzelnen Punkt beanspruchen würde (Pfeil). Die Aktenschränke der NSA bräuchten eine Fläche (dunkelgrau) größer als Australien. Was wollen sie mit diesen Daten anfangen?

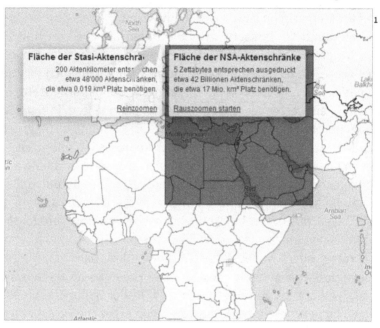

„Aber in meiner E-Mail an Tante Erna steht doch gar nichts über ein Verbrechen?"

Sicher nicht. Auch ist auf den Fotos vom Urlaub nichts Verdächtiges abgebildet. Aber man kann ja nie wissen, wann eine Bemerkung, die heute vielleicht noch unproblematisch ist, oder ein Foto, daß einen harmlosen Ausflug zu einem Kulturdenkmal zeigt, nicht doch mal auf illegale Aktivitäten hinweist. Die Gesetze

---

[1] http://apps.opendatacity.de/stasi-vs-nsa/

und Zielgruppen, nach denen gefahndet wird, können sich jederzeit ändern. Vielleicht ist es in ein paar Jahren verboten, sich über einen Politiker lustig zu machen oder in das Land mit dem Kulturdenkmal einzureisen. Jeder, der vor ein paar Jahren so etwas gemacht hat (als es noch völlig in Ordnung war), ist aus der neuen Sicht dann suspekt. Da Sie nicht wissen, wer Ihre Daten sammelt, können Sie auch nicht sicher sein, wie sich die Politik in diesem Land verändert.

Das Problematische ist die Heimlichkeit mit der das passiert, der Umfang und die Tatsache, daß die Daten ausgewertet und für alle Ewigkeit gespeichert werden, sowie die immer stärker um sich greifende technische Verbesserung[1]. Vor allem auch die (automatisierte) Analyse der Daten kann aus völlig harmlosen Einzelfällen ein verzerrtes Gesamtbild entstehen lassen, in dem Sie dann auf einmal als suspekte Person dastehen und sich ggf. gegenüber Behörden rechtfertigen oder Repressalien über sich ergehen lassen müssen. Hierfür kann man sich viele Beispiele ausdenken und es gibt bereits immer wieder Hinweise darauf, daß es genau so kommen kann: Die Einreise in die USA wurde verweigert[2], weil die Daten im Onlinebuchshop Amazon verdächtige Interessen vermuten lassen. Vielleicht haben Sie sich auch schon mehrmals über Freiheitsrechte, Amnesty International, Bürgerkriege und ähnliches bei Twitter oder Facebook ausgetauscht? Egal wie harmlos einzelne Daten sind: In der Summe kann sich ein völlig neues (falsches) Bild von Ihnen ergeben: Sie schreiben Tante Erna von dem Schnupperkurs im Flugsimulator, twittern den Kauf Ihres neues Kopftuches für den Sommerurlaub, lassen sich per E-Mail Flugangebote für selbigen in den Nahen Osten schicken, suchen nach Informationen zum neuen 787 Dreamliner von Boeing (dem zweitgrößten Rüstungskonzern der Welt) für Ihren Flug, bestellen das vegetarische Bordessen, lesen Online etwas über Terroranschläge im Irak, sprechen mit Ihrem Freund

---

[1] http://heise.de/-1927890
[2] http://heise.de/tp/artikel/16/16039/1.html

am Handy über Ihre Sorgen, in Ägypten entführt zu werden und lassen sich von der Google-Übersetzungsapp ein paar Fotos mit arabischen Schriftzeichen am Urlaubsort übersetzen. Diese Kommunikation wurde über Monate hinweg komplett protokolliert, gespeichert und analysiert. Na, welches Bild kann man jetzt von Ihnen haben? Wäre es nicht vielleicht lohnenswert, Ihre Urlaubsfotos, die sie online im Fotolabor bestellen oder per E-Mail an die Freunde schicken, zu sichten, um dort nach Ausbildungscamps für Terroristen zu schauen? Und auch, wenn man nichts Verdächtiges findet – denn Sie sind ja kein Terrorist und haben nichts zu verbergen: es kann sich lohnen, Ihren Bekanntenkreis näher unter die Lupe zu nehmen oder Sie bei der nächsten Einreise in die USA oder bei der Polizeikontrolle in London ein wenig stärker zu filzen. Das Bundeskriminalamt (BKA) erfaßte und speicherte allein im Jahr 2014 zum Beispiel 1,5 Millionen personengebundener Hinweise (PHW) zu Bürgern ohne Vorstrafen. An sich belanglose Hinweise[1] auf Stichworte wie "Ansteckungsgefahr", "geisteskrank", "gewalttätig", "Land/Stadtstreicher", "Prostitution" und "Rocker" können schon dazu führen, daß auch Sie lebenslang in dieser Datenbank landen.

Die aktuelle Entwicklung[2][3][4] holt sie schneller ein, als Ihnen recht ist: In New York (USA) wurde eine Hausfrau von (Polizei-) Beamten einer Joint Terrorism Task Force aufgesucht, die sich bei ihr über mögliche terroristische Aktivitäten informieren wollte und ihre Wohnung durchsuchte. Die Familie verhielt sich suspekt, weil verschiedene Suchanfragen im Internet nach Schnellkochtöpfen, dem Boston-Marathon-Attentat, Rucksackreisen und einem omi-

---

[1] http://www.andrej-hunko.de/start/download/doc_download/500-schriftliche-frage-zu-kategorien-von-personengebundenen-hinweisen-phw-neue-fassung

[2] https://medium.com/something-like-falling/2e7d13e54724

[3] http://www.theguardian.com/world/2013/aug/01/new-york-police-terrorism-pressure-cooker

[4] http://www.t-online.de/computer/internet/id_64792184/google-suche-nach-schnellkochtopf-ruft-anti-terror-einheit-auf-den-plan.html

nösen "Quinoa"[1] bei den Agenten ins Raster für kriminelle Handlungen paßten. Angeblich sollen etwa 100 derartige Hausbesuche pro Woche stattfinden – bei 99 % seien sie ergebnislos.

Auch wenn es sehr provokant sein mag: Ein in den Ausweis[2] gestempeltes "J" ist noch nicht weiter dramatisch. Vielleicht kann man auch noch über einen gelben Stern am Revers hinwegsehen – man hat ja nichts zu befürchten, man ist ja ein guter Mensch, ist produktiv, zahlt Steuern und ist gesetzestreu. Aber wenn all die "harmlosen" Schritte nur dem Ziel dienen, die Menschen zu erkennen, die vernichtet werden sollen, dann ist es zu spät, wenn man dies erkennt.

Die Geschichte zeigt: Regierungen ändern andauernd ihre Meinung, politische Partner werden schnell zu Feinden. Ideologien kehren sich ins Böse. In der Historie hat noch kein Land dauerhaft eine politische Linie beibehalten. Wollen Sie wirklich einem Land Ihre Daten dauerhaft anvertrauen, in dem die Rassendiskriminierung[3] noch keine 60 Jahre her ist? Oder in dem Menschen noch immer an die Wand gestellt und erschossen[4] werden? Der Schritt zum autoritären Polizeistaat ist nicht sehr groß und wer möchte schon in einer Welt leben, wie sie Sciencefiction[5] Autoren[6] längst heraufbeschworen[7] haben? "Vielleicht nicht heute, vielleicht nicht morgen, aber bald

---

[1] https://de.wikipedia.org/wiki/Quinoa
[2] https://de.wikipedia.org/wiki/Verordnung_%C3%BCber_Reisep%C3%A4sse_von_Juden
[3] https://de.wikipedia.org/wiki/Rassismus
[4] http://www.todesstrafe.de/todesstrafenatlas.html
[5] https://de.wikipedia.org/wiki/1984_%28Roman%29
[6] https://de.wikipedia.org/wiki/Brazil
[7] https://de.wikipedia.org/wiki/Fahrenheit_451

Quis custodiet custodes?

und dann für den Rest deines Lebens."[1] Die jährlich vergebenen Big Brother Awards[2] zeigen, daß die Überwachung inzwischen fast alle Bereiche des Alltags erreicht hat und selbst Kinder ausgehorcht werden. Oft handeln die Verantwortlichen dabei in vermeintlich guten Interesse und überschreiten eher unbewußt die Grenzen des Akzeptablen oder des Rechts. Das ist dann aber nicht weniger schlimm, denn es zeigt, daß das Unrechtbewußtsein immer mehr aufgeweicht wird und jeder glaubt, Daten sammeln zu dürfen und zu müssen.

Es sind aber auch nicht immer nur Staaten und Geheimdienste, die Daten sammeln und mißbrauchen. Die Privatwirtschaft sammelt mit Eifer Daten von Bürgern, um Verhaltensprofile, Risikoabschätzungen und Werbung zu verkaufen. Das ist nicht immer legal, wird aber oft sehr milde bestraft, selbst wenn Justizbeamte[3], denen man ja eigentlich auch vertrauen können sollte, intimste Details verkaufen. Unsere Daten sind nirgends sicher – es gibt immer jemand, der begehrlich darauf ist.

Kennen Sie Thelma Arnold? Vermutlich nicht. Aber eigentlich können Sie über diese US-Amerikanerin fast alles im Web erfahren. Das liegt nicht daran, daß diese ältere Frau alles über sich selbst veröffentlicht hat. Es liegt daran, daß Internetdienstleister so viele Daten über jeden Nutzer – also auch über Sie – sammeln, daß selbst anonymisierte Daten sich wieder zu einem Profil zusammensetzen lassen. So geschehen im August 2009: AOL veröffentlichte die über 20 Millionen anonymisierten Suchanfragen von 657.000 seiner Kunden als Demonstration, wie sicher diese Daten doch angeblich sind. Das weckte die Neugier eines Journalisten der New York Times[4]. Er durchforschte die Protokolle aufmerksam und setzte das Puzzle zusammen: "Die Kundin des Providers AOL mit der Benutzernummer 4417749 interessierte sich

---

[1] Rick im Film *Casablanca*, https://de.wikipedia.org/wiki/Casablanca
[2] https://de.wikipedia.org/wiki/Big_Brother_Awards
[3] http://heise.de/-1980407
[4] http://www.nytimes.com/2006/08/09/technology/09aol.html

beispielsweise für „60-jährige Single-Männer" und litt unter „tauben Fingern" und einem „Hund, der überall hinpinkelt". Sie suchte einen „Gärtner in Lilburn, Georgia" und „zum Verkauf stehende Häuser im Stadtteil Shadow Lake". Später gab sie den Namen ihres Sohnes in die AOL-Suchmaschine ein: Er heißt Arnold mit Nachnamen. In Shadow Lake leben elf Arnolds. Nur wenige Anrufe führten den Reporter zur 62-jährigen Thelma Arnold."[1] Können Sie sich ausmalen, was jemand, der seit Jahren Zugriff auf alle Suchanfragen der großen Anbieter hat, mit den Daten anfangen kann? Und wollen Sie, daß diese Daten zu irgendeinem Zeitpunkt in die Hände derer kommen, die über Ihr Wohlergehen entscheiden? Was heute, hier völlig harmlos sein mag, kann morgen, woanders eine Straftat sein oder Sie verdächtig machen. Homosexuelle haben beispielsweise seit Juni 2013 in Rußland[2] nicht mehr das Recht, sich im Internet positiv zur Homosexualität zu äußern – dazu gehören auch E-Mails. In einer Scheindemokratie wie Rußland kann das auch genutzt werden, um unliebsame Bürger zu verfolgen, die sich früher einmal mit dem Thema aus beliebigen Gründen beschäftigt haben. Wer garantiert Ihnen, daß es nicht irgendwann auch Sie trifft? Derartige mittelalterlichen politischen Entscheidungen und Gesetzesänderungen kann es in jedem Land geben.

Aber es ist doch gut, wenn Terrorakte verhindert werden können

Keine Frage, das ist es. Aber genau dieser Erfolg stellt sich ja nicht (oder nur minimal) ein: "Obama-Berater: NSA-Vorratsdatenprogramm hat keine Anschläge verhindert[3]". "Bisher sei noch kein Anschlag dadurch verhindert worden, sagte Snowden[4] [...].

---

[1] http://www.focus.de/politik/ausland/usa-die-glaeserne-mrs-arnold_aid_214251.html
[2] https://de.wikipedia.org/wiki/Homosexualit%C3%A4t_in_Russland
[3] http://heise.de/-2072184
[4] http://heise.de/-2525837

Frankreich habe seit vergangenem Jahr das umfassendste Ab-
hörgesetz in Europa [...]. «Dennoch hat dies die Anschläge [*in
Paris*] nun nicht verhindern können.» Regierungen investierten zu
viel Geld und Energie in die Erfassung und Analyse von Daten [...]." Und es ist eben unverhältnismäßig, wenn man die Freiheitsrechte aller Menschen weltweit beschneidet, nur um ein
paar Straftäter zu ermitteln. Man könnte auch einfach alle Menschen präventiv in Isolationshaft stecken – nur um Einzelne davon abzuhalten, ein Verbrechen zu begehen: "Verhaftet die üblichen Verdächtigen!"[1] Die Frage für eine rechtsstaatliche Demokratie bleibt: wieviel Freiheit ist man gewillt aufzugeben, um ein
wenig Sicherheit zu gewinnen? Oder, um es mit einem der Väter
der amerikanischen Unabhängigkeitserklärung, Benjamin Frank-
lin zu sagen: "Wer wesentliche Freiheit aufgeben kann um eine
geringfügige bloß jeweilige Sicherheit zu bewirken, verdient weder Freiheit, noch Sicherheit."[2]

Mitte August 2013 wurde der
Lebenspartner eines Enthül-
lungsjournalisten in London
am Flughafen neun Stunden
lang festgehalten, seiner
Grundrechte beraubt und
verhört[3]. Allein auf Basis eines
Anti-Terror-Gesetzes. Dabei
hat er nichts mit Terrorismus
zu tun und sein Lebenspartner, der allerdings kritisch
über die Regierung berichtet,
wohl auch nicht. Es ist also
ganz egal, was Sie zu verbergen haben: Es reicht, wenn Sie je-

---

[1] Polizeichef Renault im Film *Casablanca*, https://de.wikipedia.org/
wiki/Casablanca
[2] https://de.wikiquote.org/wiki/Benjamin_Franklin
[3] http://heise.de/-1937741

---

manden kennen, der der Regierung einfach aus irgendeinem Grund nicht in den Kram paßt und den die Behörden einschüchtern wollen.

Inzwischen scheint Observierung so beliebt und einfach umsetzbar zu sein, daß immer mehr Bürgern hinterhergeschnüffelt wird. Immer mit dem Credo, nur Gutes zu tun und für mehr Sicherheit sorgen zu wollen. So läßt in Kalifornien mittlerweile eine Schulverwaltung[1] die Social-Media-Aktivitäten ihrer Schüler von einer externen Firma überwachen. Von 14.000 Schülern ab 13 Jahren wird die Kommunikation über Facebook, Twitter und Co. zu heiklen Themen wie suizidalen Tendenzen, Drogenmißbrauch, Waffen, Gewalt und Schulabbruch durchleuchtet. Damit wird tief in die Privatsphäre eingegriffen. Es stellt sich auch die Frage, ob nicht auch nach weiteren Themen gesucht wird, wie die Schüler identifiziert werden, wer alles mitbeobachtet wird, obwohl er gar nicht zur Zielgruppe gehört und letztendlich: ist das wirklich die Aufgabe einer Schulverwaltung? Mit den dafür vergeudeten $45.500 hätte man dem maroden Bildungssystem sicher sinnvoller helfen können.

Folgen wir mal spaßeshalber kurz der Argumentation von Abhörbefürwortern[2] – dazu gehört auch die CDU/CSU und die amtierende Bundeskanzlerin Angela Merkel samt ihres Kabinetts, denn bisher wurde die NSA-Affäre stets unter den Teppich gekehrt und es wurden kaum bis gar keine Schritte gegen die totale Überwachung und das Ausspähen unschuldiger Bürger unternommen. Stets wurde argumentiert, daß dies dem Wohle der Allgemeinheit dient und so "der" Terrorismus bekämpft werden kann. Nun (23.10.13) ist aber bekanntgeworden, daß sie NSA auch das Handy von Merkel abgehört[3] hat. Eigentlich nicht verwunderlich, denn wenn man die Technik erst einmal hat, nutzt man sie halt

---

[1] http://heise.de/-1958478
[2] http://heise.de/-1939888
[3] http://heise.de/-1984739

überall wo es geht. Man weiß ja nie, was man so erfährt und wozu das gewonnene Wissen gut sein kann – zur Terrorabwehr, zur Wirtschaftsspionage oder einfach, um zu wissen, wie die politische Stimmung so ist. Auf einmal mißbilligt Merkel aber diese Spionage (vermutlich nur diese spezielle Form gegen sie). Wieso nur? Immerhin hat sie doch im landläufigen Sinn nichts zu verbergen: Sie wird wohl kaum einen Angriff gegen die USA planen oder ähnliches. Sie plant auch keine Wirtschaftsboykotte oder sonstige schädliche Vorhaben. Sie ist ein "guter" Mensch. Wieso wird hier mit zweierlei Maß gemessen: Ihre Gespräche unterliegen der Geheimhaltung und die aller anderen Bürger nicht? Übrigens: Merkel "beschwert sich". Vertreter andere Länder[1] bestellen den US-Botschafter ein – das ist deutlich schärfer[2] und zeigt anschaulich, wie lahm die deutsche Regierung mit dem Thema Überwachung umgeht. Ich bezweifle leider, daß unsere Volksvertreter langsam aufwachen[3].

Wieso ist die Aufklärungsquote nicht höher?

Relativ einfach: Terroristen sind nicht dumm. Wer ein Geheimnis hat und weiß, daß er ausspioniert wird, der wird sich schützen. Schon in der Antike wurde eine Geheimbotschaft auf eine leere Wachstafel geschrieben, diese mit Wachs überzogen (in das man normalerweise die Botschaft ritzte) und dann als "leere" (unbeschriebene) harmlose Tafel verschickte. Heute kennt man ein ähnliches Verfahren als Steganografie[4] (Verschleierung). Telefonate kann man verschlüsseln oder von nicht korrekt registrierten Handys aus führen. Textbotschaften werden verschlüsselt und so

[1] http://www.zeit.de/news/2013-10/22/mexiko-mexiko-will-wegen-us-spionage-washingtons-botschafter-einbestellen-22224014
[2] http://www.zeit.de/news/2012-05/29/konflikte-hintergrund-botschafter-im-diplomatischen-konflikt-29222830
[3] http://sz.de/1.1802391
[4] https://de.wikipedia.org/wiki/Steganographie

für jeden Dritten unlesbar. Diese Verfahren sind relativ einfach in der Anwendung und vor allem sicher.

Es verhält sich wie bei der flächendeckenden Videoüberwachung: Trotz immenser Ausgaben und Eingriffe in die Privatsphäre[1], ist ein signifikanter Anstieg der Aufklärungsquote[2] von Verbrechen oder gar ein Rückgang der Delikte nicht feststellbar und steht nicht im Verhältnis zum Aufwand.

Nicht nur die Regierung ist böse: auch die Wirtschaft schnüffelt

Wer nun noch denkt, daß es doch Aufgabe der Regierungsorganisationen ist, mich und die Welt zu beschützen und sie deswegen auch alle Gesetze zum Schutz meiner Privatsphäre unter dem Credo der Sicherheit mißachten dürfen, den interessiert es vielleicht, daß auch jeder gängige E-Mail-Provider (Apple, Google, Microsoft, Yahoo[3]) sich das Recht vorbehält, alle E-Mails zu lesen und zu

Google gibt E-Mails von Wikileaks an die US-Justiz. (Bild: Wikileaks)

analysieren, die über seine Server laufen und sogar an Behörden weiter zu leiten[4]. Das überführt die Scheinheiligkeit von Aussagen, wie "Der sicherste Ort für Ihre Daten ist Google"[5]. Aus rein

---

[1] http://www.taz.de/!55178/
[2] http://www.daten-speicherung.de/index.php/nutzen-von-videoueberwachung-in-berlin-und-london/
[3] http://heise.de/-2152971
[4] https://wikileaks.org/google-warrant.html
[5] http://heise.de/-2412633

---

wirtschaftlichen Interessen werden da mal eben E-Mails durch-sucht[1], nur weil ein Tipgeber behauptet, daß dies erkenntnisreich sein könnte.

> *Es ist eine Jugendstrafakte, deshalb war nicht so leicht dranzukommen. Die Justizbehörden in Montana versiegeln solche Akten, sobald der Straftäter das achtzehnte Lebensjahr erreicht. Deren Datenbank ist jedoch, na ja, nicht allzu sicher.*[2]

Während sich solche Sätze in einem Krimi spannend lesen und die Handlung knistern lassen, fragt sich, was an einem derartigen Szenario in der Realität dran ist. Grundsätzlich eine ganze Menge. Datenbanken, die übers Internet erreichbar sind, stellen reizvolle Angriffsziele für Hacker und Ganoven dar und sind viel zu oft zu schwach gesichert. Natürlich ist es nicht so einfach wie oft dargestellt, aber es ist machbar, und viel zu oft liest man dann von Tausenden und Millionen gestohlener E-Mail-Logindaten[3], Kredikartendaten[4], Bankdaten[5] usw. Von vielen Datendiebstählen erfährt man meistens nicht einmal etwas. 2013 Januar bis Mitte September wurden schätzungsweise 575.486.661 Datensätze erbeutet und ab Mitte September stieg die Zahl dann auf 2,3 Milliarden[6] – das bedeutet, von jedem dritten Menschen wurde ein Datensatz gestohlen.

Der Einbruch in Datenbanken bleibt – auch im Krimi – eine Straftat und es ist erstaunlich, daß der Leser bereit ist, dies bei der Protagonistin im Roman zu akzeptieren, wenn es einer "guten

---

[1] http://heise.de/-2151654
[2] Veronica Mars - Zwei Vermißte sind zwei zu viel, Jennifer Graham, script5, 2014, ISBN 978-3839001752, Seite 100
[3] https://www.sicherheitstest.bsi.de/
[4] http://www.zdnet.de/88180773/us-haendler-target-verliert-daten-von-70-millionen-kunden/
[5] http://www.spiegel.de/netzwelt/netzpolitik/usa-fbi-verdaechtigt-russland-wegen-hacker-angriff-auf-jp-morgan-a-988470.html
[6] http://breachlevelindex.com/

Sache" dient. Genauso argumentieren Regierungen: Das Sammeln von Daten und Eingriffe in die Privatsphäre dienen einem hehren Zweck. Aber wer entscheidet über Art und Umfang und sind wir trotzdem bereit, dies zuzulassen und gutzuheißen?

Unternehmen schnüffeln aber auch ganz legal und sogar im staatlichen Auftrag in unseren Daten – hier in Deutschland. Konzerne, die teilweise der US Regierung und der NSA nahe stehen, haben vom Auswärtigen Amt die Erlaubnis[1], genau so wie die US Streitkräfte die Netzwerke zu überwachen und mit den gewonnen Daten zu machen, was sie wollen.

Ist Verschlüsselung sicher?

Nein. Aber fast. Nur mit viel technischem Aufwand lassen sich solche Daten wieder dechiffrieren. Bei der Brute-Force-Methode[2] wird jede mögliche Kombination an Zeichen für den Schlüssel durchprobiert, bis die Nachricht gelesen werden kann. Selbst mit leistungsfähigen Rechnern oder verteiltem Rechnen[3], dauert es (im extremsten Fall) sehr[4] lange[5] (viele Jahre). Aber man kann natürlich Glück haben und bereits nach wenigen Sekunden einen Zufallstreffer landen und dann den Code geknackt haben. Das ist aber sehr unwahrscheinlich. Und es wird viel Rechenleistung über viele Jahre hinweg gebunden, um einen einzigen Schlüssel in der Zeit zu decodieren. Die Milliarden an anderen E-Mails mit anderen Schlüsseln können in dieser Zeit nicht geknackt werden. In den Medien wird zwar immer wieder behauptet, die NSA und andere Geheimdienste könnten sämtliche Verschlüsselungen knacken, aber das stimmt nur teilweise: Knacken kann jeder –

---

[1] http://www.zdf.de/frontal-21/auf-horchposten-in-deutschland-bundesregierung-duldet-us-spione-35515148.html

[2] https://de.wikipedia.org/wiki/Brute-Force-Methode

[3] https://de.wikipedia.org/wiki/Verteiltes_Rechnen

[4] http://www.pgp.net/pgpnet/pgp-faq/pgp-faq-security-questions.html#security-against-brute-force

[5] http://www.1pw.de/brute-force.html

nur der Aufwand ist wie gesagt enorm. Einen direkten Zugriff auf die verschlüsselten Daten, eine Hintertür, die alles schnell entschlüsselt oder einen Generalsschlüssel gibt es bei PGP nicht. Bei anderen Verschlüsselungsverfahren – vor allem solchen, die von staatlichen Stellen entwickelt, finanziert, benutzt oder empfohlen werden, ist das eher fraglich. Hier kann es durchaus sein, daß eine Hintertür eingebaut wurde. Mit dem „Masterpaßwort" können dann der Staat und seine Schergen jede Verschlüsselung in Sekundenbruchteilen umgehen.

Ein grundsätzlicher Angriffspunkt ist der Benutzer selbst. Die Verschlüsselung wird mit Paßwörtern abgesichert. Aus Bequemlichkeit verwendet man sehr oft zu einfache Kennwörter, die aus normalen Ausdrücken bestehen oder einen Bezug zur Person haben (Name der Freundin etc.). Auch kann es vorkommen, daß man als Besitzer eines Schlüssels diesen Schlüssel "verliert" oder aus versehen veröffentlicht etc.

Weiterhin wird bei E-Mail-Verschlüsselung nur die eigentliche Nachricht verschlüsselt. Die sogenannten Metadaten, das sind die Daten, die im Kopf der Nachricht stehen, wie Absender, Empfänger, Betreff und weitere (meistens nicht angezeigte Informationen, die für den Transport notwendig sind), werden nicht verschlüsselt. Aus diesen Metadaten kann natürlich wieder ein Profil erstellt werden: Wer hat mit wem, wie oft über was (Betreff) kommuniziert. Zusammen mit anderen Quellen, lassen sich mit dem Programm Mainway[1] Verknüpfungen und Beziehungen wie zum Beispiel "verreist mit", "hat den Vater", "schrieb Nachricht im Forum" oder "beschäftigt" erstellen und auch grafisch aufbereiten. Sie liefern vollautomatisch ein umfangreiches Portrait zu jeder Person.

Es gibt E-Mail-ähnliche Dienste wie zum Beispiel RetroShare[2], bei der die Kommunikation vollständig gesichert ist. Diese sind aber

---

[1] http://heise.de/-1969450
[2] https://de.wikipedia.org/wiki/RetroShare

nur nutzbar, wenn beide Kommunikationspartner damit arbeiten und sicher kein praktikabler Ersatz für E-Mail. Und man sollte es ja auch nicht übertreiben mit der Paranoia.

Nach den Anschlägen in Paris im Januar 2015 wurden wieder einmal die Stimmen laut, die populistisch auf mehr Überwachung und bessere Kontrolle pochen. Großbritanniens Premier David Cameron fordert[1], daß jede Kommunikation für Geheimdienste einsehbar sein soll. Das kommt faktisch einem Verbot von Verschlüsselung gleich. US Präsident Obama schlägt in die gleiche Kerbe und meint[2], es «müsse einen Weg geben für die Polizei und Geheimdienste, beim Vorliegen von Terrorhinweisen verschlüsselte Kommunikation Verdächtiger lesen zu können». Wie lax und unwirksam derartige Bedingungen auf ein "Vorliegen von Terrorhinweisen" gehandhabt werden, wurde in der Vergangenheit oft genug im Rahmen von Telefonabhöraktionen etc. demonstriert. Da kann der Bundesinnenminister Thomas de Maizière natürlich nicht zurückstecken und stellt ähnliche Forderungen[3]. All diese Lippenbekenntnisse können aber nichts daran ändern, daß PGP Verschlüsselung in der derzeitigen Fassung ziemlich sicher ist und es auch bleiben wird, da Änderungen und Hintertüren von der OpenSource Entwicklergemeinschaft schnell aufgedeckt werden würden. Nur ein totales Verschlüsselungsverbot kann die Geheimdienste in die Lage versetzen, so verschlüsselte Nachrichten zu lesen. Und denken Sie, daß ein Terrorist sich daran stören wird, daß er gegen das Verschlüsselungsverbot verstößt, wenn er ein Massaker plant?

Was kann ich tun?

Ganz einfach: verschlüsseln Sie ihre digitale Kommunikation. So schützen Sie Ihre Privatsphäre und machen jedem deutlich, daß

---

[1] http://heise.de/-2516774
[2] http://heise.de/-2520434
[3] http://heise.de/-2523297

Quis custodiet custodes?

Freiheitsrechte für Sie einen hohen Stellenwert besitzen. Sie können auch einen Offenen Brief[1] an die Bundeskanzlerin Merkel online mitzeichnen und eine angemessene Reaktion auf die NSA-Affäre fordern.

Allein durch die Verschlüsselung Ihrer E-Mails können Sie viel erreichen: Außenstehende können nicht mitlesen und Datensammlern zeigen Sie die Grenzen ihrer Möglichkeiten auf. Der Aufwand dafür ist relativ gering: Sobald Sie das System einmal installiert haben, funktioniert vieles automatisch oder mit einem kurzen Mausklick. Kosten entstehen Ihnen keine dadurch, denn die Tools sind alle frei verfügbar. Sie können auch weiterhin mit all Ihren Bekannten E-Mails austauschen, auch wenn diese keine Verschlüsselung nutzen wollen. Am meisten Zeit wird es leider kosten, Ihre Bekannten und E-Mail-Partner vom Nutzen zu überzeugen und sie dazu bewegen, mitzumachen, um gemeinsam ein Zeichen zu setzen. Aber es lohnt sich, denn nur wer für seine Rechte eintritt und kämpft, sie zu bewahren, verdient sie auch.

Die Vermeidung von Spuren im Internet an anderer Stelle ist hingegen weitaus aufwendiger und oft gar nicht umsetzbar. Aber Sie können sich trotzdem bemühen:

- Verzichten Sie auf die Nutzung von Facebook und Twitter, welche die gesamte Kommunikation in den USA speichern. Nutzen Sie europäische Dienstanbieter und möglichst solche, die Daten verschlüsseln.
- Verzichten Sie darauf, Daten in der Cloud abzuspeichern. Es entzieht sich vollständig Ihrer Kontrolle, wer darauf Zugriff hat.
- Vermeiden Sie das Anlegen von Wunschlisten, Bestellhistorien oder Rezensionen bei Shops.

---

[1] http://www.change.org/de/Petitionen/offener-brief-an-bundeskanzlerin-angela-merkel-angemessene-reaktion-auf-die-nsa-aff%C3%A4re

- Benutzen Sie verschiedene Benutzerkonten/E-Mail-Adressen für einzelne Aktivitäten und löschen Sie die Konten hin und wieder, um mit neuem Account weiterzumachen.
- Benutzen Sie OpenSource-Programme (Thunderbird[1] statt Microsoft Outlook, Firefox[2] statt Google Chrome oder Microsoft Internet Explorer, OpenOffice[3] oder LibreOffice[4] statt MS Office usw.).
- Vermeiden Sie Zahlungen mit Paypal, Amazon Payments und anderen US-amerikanischen Anbietern.
- Nutzen Sie nicht die Google Suche, um zu bekannten Webseiten zu kommen. Geben Sie die URL (Webadresse) direkt in der Browseradreßzeile ein oder legen Sie Lesezeichen (Bookmarks) an.
- Stellen Sie keine Webseite als Startseite[5] (oft ist dies Google) in Ihrem Browser ein, die jedesmal automatisch als erstes angezeigt wird, wenn Sie den Browser starten.
- Nutzen Sie SSL (Secure Sockets Layer) bzw. die neue Variante TLS[6] (Transport Layer Security) für verschlüsselte Webseiten wenn es möglich ist. Das macht keinerlei Aufwand und bedarf keiner Installation o. ä. Ihrerseits. Wenn "https://" am Anfang steht, ist die Seite verschlüsselt. Auch Google[7] oder die Wikipedia[8] bieten verschlüsselte Webseiten an: Alle Suchanfragen und Antworten sind dann für Dritte (Datensammler) nicht mehr lesbar. Ändern Sie Ihre Lesezeichen einmalig und in Zukunft sind sie ein Stück weit mehr unbeobachtet. Die aktuellen Ereignisse überschlagen sich auch hier: Inzwischen (6.9.13) bestätigen sich die schon älteren Verdachtsmomente:

---

[1] http://www.mozilla.org/de/thunderbird/
[2] http://www.mozilla.org/de/firefox/fx/
[3] http://www.openoffice.org/de/
[4] http://de.libreoffice.org/
[5] https://www.google.de/#sclient=&q=startseite+festlegen
[6] https://de.wikipedia.org/wiki/Transport_Layer_Security
[7] https://www.google.de/
[8] https://de.wikipedia.org

Die USA und Großbritannien betreiben erheblichen Aufwand[1], um per SSL verschlüsselte Inhalte im Klartext lesen zu können.

Eine sehr gut aufbereitete Infoseite mit alternativen Programmen finden Sie im Web: https://prism-break.org/#de

Wenn Sie Firefox als Browser nutzen, können Sie zusätzlich einige Add-ons installieren, die für ein wenig mehr Privatsphäre sorgen, in dem sie Cookies[2] und andere Mechanismen unterbinden, die nur dazu dienen, Sie im Web zu identifizieren (meist durch die Werbebranche aber wer weiß, wer noch dahinter steckt?). Mehr dazu finden Sie ab Seite 232.

Sie können auch Thunderbird-Portable[3] nutzen: damit besteht die Möglichkeit, auf jedem Windows PC ab Windows XP die E-Mails zu verwalten. Hierbei muß jedoch nicht auf den gewohnten Komfort einer installierten Thunderbird-Version verzichtet werden, denn zusätzlich bindet Thunderbird-Portable auf Wunsch Enigmail und GnuPG ein. Automatische Updates und Datensicherungen runden den Komfortumfang ebenso ab, wie die Nutzung unterschiedlicher Thunderbird-Hauptversionen und die Definition von verschiedenen Profilen.

Und wenn keiner meiner E-Mail-Partner mitmachen will?

Überzeugen Sie sie! Schicken Sie ihnen diese Anleitung oder helfen Sie bei der Installation. Fangen Sie trotzdem an. Sie haben keine Nachteile dadurch, denn Sie können trotzdem auch wie bisher unverschlüsselte E-Mails verschicken.

---

[1] http://heise.de/-1950935

[2] https://de.wikipedia.org/wiki/Cookie

[3] http://www.gnupt.de/site/index.php?option=com_content&view=article&id=70&Itemid=514&lang=de

---

Sie können aber auch in einem ersten Schritt nur auf die Möglichkeit des Signierens von E-Mails zurückgreifen: Versehen Sie (vollautomatisch) jede ausgehende Nachricht mit einer digitalen Unterschrift. So haben Sie schon mal alle Schritte unternommen, um reibungslos auch Nachrichten verschlüsseln zu können. Zudem zeigen Sie jedem Empfänger, daß Sie Datenschutz und Privatsphäre ernst nehmen. Datenschnüfflern signalisieren Sie, daß Sie die Technik beherrschen und es ein leichtes wäre, Ihre Kommunikation auch zu verschlüsseln.

Was ist mit De-Mail?

"De-Mail ist der Name eines auf E-Mail-Technik beruhenden, hiervon aber technisch getrennten Kommunikationsmittels zur «sicheren, vertraulichen und nachweisbaren» Kommunikation im Internet. "[1]

Wollen Sie allen Ernstes einer Geheimhaltungstechnik vertrauen, die von der Regierung unterstützt und kontrolliert wird und an dessen Umsetzung mit der Telekom ein Staatsbetrieb beteiligt ist? Und das bei einem Bundesinnenminister, der sich klar gegen[2] sichere Verschlüsselung ausspricht? De-Mail ist nach Ansicht führender Sachverständiger keineswegs sicher. Außerdem kostet die Nutzung von De-Mail Geld und ist nur in Deutschland verfügbar. De-Mail dient lediglich der Wirtschaft (weil sie Geld verdienen kann) und den Behörden (weil sie Geld sparen können). Solange es kein Gesetz gibt, welches den Bürger zur Nutzung verpflichtet, wird sich De-Mail nicht etablieren und Ihnen kann nur geraten werden, die Finger davon zu lassen.

Alternative Anbieter[3], die ebenfalls E-Mails standardmäßig verschlüsseln und so eine geschützte Kommunikation ermöglichen,

---

[1] https://de.wikipedia.org/wiki/De-Mail
[2] http://www.afp.com/de/nachrichten/terror-im-netz-de-maiziere-sieht-handlungsbedarf
[3] http://heise.de/-1932723

Quis custodiet custodes?

ohne daß der Anwender aktiv werden muß, sind den Behörden offenbar so sehr ein Dorn im Auge, daß diese Anbieter stark unter Druck gesetzt werden und dazu bewogen werden, ihre Dienste einzustellen. Stellt sich die Frage, nach dem Wieso, denn es gibt (noch) kein Gesetz, daß Ihnen das Verschlüsseln einer Nachricht verbietet.

Aber "E-Mail made in Germany" ist doch sicher?

Nicht im Geringsten. Es handelt sich auch bei dieser Initiative[1] lediglich um einen halbherzigen Ansatz, der primär dazu dient, die beteiligten Firmen in einem guten Licht erscheinen zu lassen (das Sommermärchen von der sicheren E-Mail[2]). Lediglich sechs E-Mail-Provider sind beteiligt. Wenn Sie oder der Empfänger einer Nachricht nicht bei einem dieser Anbieter Kunde sind, dann bietet diese Marketing-Seifenblase rein gar keine Sicherheit. Die Daten werden nur zwischen diesen Anbietern verschlüsselt transportiert. Dabei werden sie auch lediglich mit SSL verschlüsselt. Einem Verfahren, welches keinen hohen Grad an Sicherheit bietet und relativ leicht zu knacken ist. Bisher ist noch nicht einmal sichergestellt, daß die Daten beim Transport immer in Deutschland bleiben und nicht aufgrund des Routings über EU-Länder oder sogar außerhalb der EU verschickt werden, wo sie leicht abgegriffen werden können. Wenn ein Kommunikationspartner bei einem anderen Anbieter sein Postfach hat (zum Beispiel jeder im Ausland), dann wird die Nachricht, wie sonst auch, im Klartext übertragen. Die vorgegaukelte Sicherheit besteht nur, wenn Sie und der Empfänger einen E-Mail-Client benutzen. Wird die E-Mail in einem Webformular geschrieben oder gelesen, ist die Sicherheit perdu. Zudem müssen beide E-Mail-Clients sich per SSL (oder ein anderes Verschlüsselungsprotokoll) mit dem E-Mail Provider verbinden. Dies wird zwar von den Anbietern teilweise erzwungen, aber Sie können sich nicht darauf verlassen.

---

[1] https://de.wikipedia.org/wiki/E-Mail_made_in_Germany
[2] http://ccc.de/de/updates/2013/sommermaerchen

Ein weiterer Knackpunkt ist, daß die beteiligten Firmen natürlich Zugriff auf die SSL Schlüssel haben können, um Ihre Nachricht jederzeit zu entschlüsseln. Sie sind also nicht vor neugierigen Mitarbeitern geschützt. Wird der SSL Schlüssel kompromittiert, dann kann derjenige mit einem Schlag alle Nachrichten eines jeden Kunden lesen. Es lohnt sich also für Geheimdienste, hierfür Rechenpower aufzuwenden. Hingegen sind bei einem gehackten PGP Schlüssel nur die damit verschlüsselten Daten offen und nicht gleich die von Unbeteiligten auch. Und wie schon bei De-Mail: Vertrauen Sie halbstaatlichen Unternehmen? Wer hindert denn die E-Mail-made-in-Germany-Provider daran, Ihre Kommunikation dem Staat oder Geheimdiensten offenzulegen? Auf einen entsprechenden Gerichtsbeschluß oder etwas Druck durch Schnüffler werden die Provider ganz schnell klein beigeben und Ihre Nachrichten im Klartext preisgeben, ohne Sie davon zu unterrichten.

Mache ich mich nicht verdächtig oder unterstütze ich nicht sogar den Terrorismus?

Ja, sie machen sich verdächtig. Verschlüsselte E-Mails erwecken naturgemäß die Neugier der Netzwerküberwacher. Aber: Es ist Ihr gutes Recht, Daten zu verschlüsseln. Wieso sollten Sie sich also rechtfertigen müssen, wenn Sie Ihr Recht auch nutzen? Und: Sie haben doch nichts zu verbergen (hatten Sie zumindest weiter oben von sich gesagt...) – also sollen die Spitzel sich doch an Ihren geheimen Nachrichten die Zähne ausbeißen.

Ob Sie dadurch den Terrorismus unterstützen, kann keiner wissen. Wenn Sie im Nahen Osten Urlaub machen, unterstützen Sie den Terrorismus vielleicht auch, weil Sie Geld in der Region ausgeben. Oder wenn Sie Waren (Obst, Kaffee) aus Kolumbien kaufen. Waren aus China stärken die chinesische Diktatur durch Steuereinnahmen. Viele andere Beispiele aus dem Alltag zeigen, daß wir in einer globalisierten Welt kaum ständig politisch korrekt handeln können und es auch fraglich ist, wie weit eine Handlung jemandem schadet oder nützt.

Sie können aber auch argumentieren, daß Kryptographie nützt: chinesische, koreanische, vietnamesische[1] usw. Dissidenten oder Journalisten sind darauf angewiesen, ihre Botschaften aus dem diktatorischen Land zu schmuggeln. Dies können sie mit verschlüsselten Nachrichten machen. Je mehr Personen E-Mails verschlüsseln, um so schwerer fällt es einer Regierung zu erkennen, wer davon "staatsfeindliche" Äußerungen übermittelt oder nur Urlaubsgrüße.

Sich verdächtig machen, hat auch einen weiteren positiven Effekt: Sie setzen ein deutliches Zeichen, daß Sie sich nicht von geheimen staatlichen Einrichtungen schikanieren, unterdrücken und in Ihren Bürgerrechten beschneiden[2] lassen. E-Mails, die PGP nutzen, fallen dort nämlich besonders gut auf. Und mit Paranoia ist die Verschlüsselung ja auch nur zweitrangig zu begründen, denn private E-Mails sind wirklich meist uninteressant.

---

[1] http://www.heise.de/-1928219
[2] http://heise.de/-1935084

2 Signierung und Verschlüsselung mit PGP

Wenn Sie nur schnell zum Einsatz von PGP kommen wollen, überspringen Sie dies Kapitel. Es hilft aber eventuell, die Zusammenhänge zu verstehen.

2.1 Wo PGP herkommt

PGP[1] steht für *Pretty Good Privacy* (Dt. etwa: "ziemlich gute Privatsphäre") und ist ein Programm zur Verschlüsselung und zum Unterschreiben von Daten. Es können also nicht nur E-Mails, sondern alle Computerdateien damit chiffriert werden, auch wenn hier immer von Nachrichten/E-Mails die Rede sein wird. Das Programm ist ursprünglich in den USA entwickelt worden. Aufgrund von Ausfuhrbeschränkungen durfte der fertige Programmcode nicht in andere Länder exportiert werden. Deshalb wurde der Programmcode ausgedruckt, veröffentlicht und in Papierform exportiert. Anschließend wurde er von Helfern in anderen Ländern wieder abgetippt, und das so entstandene Programm darf nun frei kopiert und genutzt werden. Weitere Beschränkungen (u. a. Patentschutz) führten dazu, daß ein freies Datenformat unter dem Namen *OpenPGP*[2] entwickelt wurde. Heue wird stets dieses Format genutzt und gemeint, wenn man von PGP redet.

Die USA haben auch heute noch immer Angst davor, daß gute Verschlüsselungstechnik in die Hände anderer gelangt: das Sicherheitsbüro des US-amerikanischen Handelsministeriums hat eine Firma mit einer Geldstrafe[3] belegt, weil sie Verschlüsselungssoftware exportiert hat – und das, obwohl teilweise nicht einmal eine Exportrestriktion bestand. Das zeigt, wie mächtig und wirkungsvoll Verschlüsselung sein kann, denn wenn die US

---

[1] https://de.wikipedia.org/wiki/Pretty_Good_Privacy
[2] https://de.wikipedia.org/wiki/OpenPGP
[3] https://heise.de/-2427683

Quis custodiet custodes?

Regierung die Technik kontrollieren will, dann vermutlich vor allem deswegen, damit andere ihre Daten (vor den USA) nicht schützen können.

Das Datenformat PGP beschreibt nur, wie eine Nachricht zu signieren oder zu verschlüsseln ist und wie der Vorgang wieder zurückgewandelt werden kann. Damit man als Anwender dies auch in der Praxis nutzen kann, bedarf es eines Programms. Das populärste Programm nennt sich *GnuPG*[12] (GNU Privacy Guard oder kurz "GPG"). Es ist frei verfügbar und OpenSource, so daß es von jedem kostenlos genutzt werden darf und (für die Sicherheit negative) Manipulationen auffallen würden. Wenn Sie mehr über GnuPG erfahren wollen, können Sie z. B. das entsprechende Wikibook[3] lesen. Für Windows Anwender gibt es das Programm Gpg4win[4], welches auf GnuPG aufbaut und auf Deutsch verfügbar ist.

2.2 Wie PGP funktioniert

Privater und öffentlicher Schlüssel

PGP ist ein Public-Key-Verschlüsselungsverfahren (Dt.: "Verschlüsselungsverfahren mit öffentlichem Schlüssel"), das heißt, daß zum Verschlüsseln von Nachrichten keine geheimen Informationen nötig sind. Jeder PGP-Nutzer erstellt ein Schlüsselpaar, das aus zwei Teilen besteht: dem privaten Schlüssel und dem öffentlichen Schlüssel.

Auf den privaten Schlüssel darf nur der Eigentümer Zugriff haben! Daher wird dieser in der Regel auch mit einem Passwort geschützt und **niemals weitergegeben**. Mit diesem können Daten entschlüsselt und signiert werden. Der private Schlüssel

---

[1] https://de.wikipedia.org/wiki/GnuPG
[2] http://gnupg.org/
[3] http://de.wikibooks.org/wiki/GnuPG
[4] http://gpg4win.de/

bleibt immer privat. Erinnern Sie sich an die Gollum-Verfilmung: "mein Schaaaatz"[1].

Der öffentliche Schlüssel dient dazu, Daten (die an denjenigen gesendet werden, dessen öffentlichen Schlüssel man gerade benutzt) zu verschlüsseln und signierte Daten (die von demjenigen kommen, der sie mit seinem privaten Schlüssel signiert hat) zu überprüfen. Der öffentliche Schlüssel muß jedem Kommunikationspartner zur Verfügung stehen, der diese beiden Aktionen durchführen will. Die Daten können mit dem öffentlichen Schlüssel weder signiert noch entschlüsselt werden, daher ist seine Verbreitung auch mit keinem Sicherheitsrisiko behaftet. Der öffentliche Schlüssel wird deshalb auch oft über sogenannte Keyserver (Schlüsselserver) verbreitet.

Erzeugen und Verwalten von Schlüsseln

1. Im ersten Schritt erzeugt jeder Teilnehmer[2] mit Hilfe von GnuPG ein Schlüsselpaar bei sich auf seinem eigenen Rechner. Die Schlüssel werden mit Hilfe einer langen Reihe zufälliger Zahlenwerte generiert und sind garantiert einmalig. Ein Schlüssel ist nichts weiter als eine Abfolge von Zeichen, die in einer Datei gespeichert werden. Die Schlüssel könnten auch ausgedruckt werden etc.

---

[1] http://www.youtube.com/watch?v=gyV0J8dlAso
[2] https://de.wikipedia.org/wiki/Alice_und_Bob

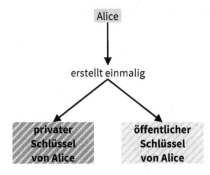

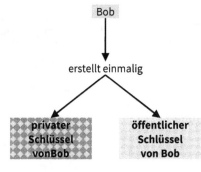

2. Jeder Teilnehmer schützt seinen <u>privaten</u> Schlüssel (die Datei) mit einem frei wählbaren, möglichst komplexen Paßwort gegen unbefugte Nutzung. Dies ist nur dazu notwendig, um den privaten Schlüssel zusätzlich zu schützen, sollte er einmal aus den Händen des Eigentümers gelangen. Aus diesem Grund werden Sie immer nach diesem Paßwort gefragt, wenn Sie Ihren eigenen privaten Schlüssel benutzen wollen. Das Paßwort hat keinen Einfluß auf die Sicherheit von PGP.

mit Paßwort geschützt   mit Paßwort geschützt

3. Jeder Teilnehmer sendet an alle anderen seinen öffentlichen Schlüssel. Um die spätere Anwendung einfacher zu gestalten, kann man den Schlüssel auch (zusätzlich) auf einem öffentlichen Keyserver ablegen.

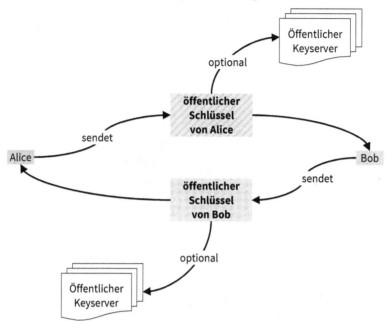

4. Jeder Teilnehmer sammelt bei sich in einem virtuellen Schlüsselring (Keyring) die öffentlichen Schlüssel seiner Kommunikationspartner. Das bedeutet, man speichert bei sich die Dateien mit den öffentlichen Schlüsseln ab. GnuPG vereinfacht dabei die Verwaltung.

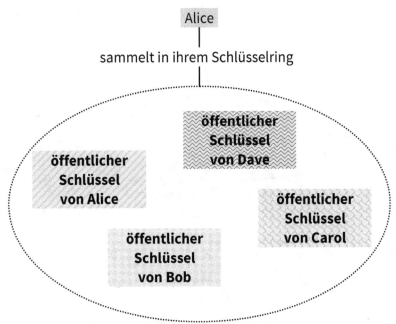

5. Möchte man eine Datei für jemanden verschlüsseln, dessen öffentlichen Schlüssel man noch nicht hat, so kann man denjenigen zuerst um den Schlüssel bitten oder prüfen, ob der Schlüssel auf einem öffentlichen Schlüsselserver liegt und ihn dann herunter laden und seinem eigenen Schlüsselring hinzufügen.

Theoretisch ist es natürlich möglich, daß man einen öffentlichen Schlüssel bekommt, der gar nicht vom tatsächlichen Besitzer stammt. Wenn Alice sich beispielsweise den öffentlichen Schlüssel von Bob per E-Mail schicken läßt, dann könnte jemand auf dem Transportweg (beispielsweise Mallory) der die Daten transportiert, den Schlüssel gegen seinen eigenen austauschen und dann später die Nachrichten entschlüsseln, die eigentlich nur für Bob gedacht sind.

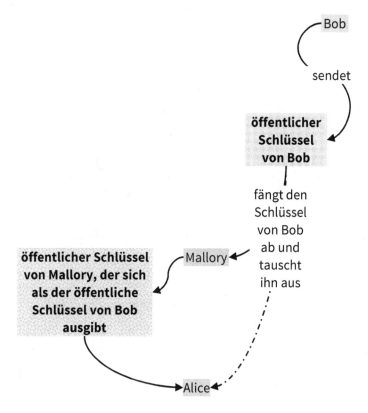

Damit dies nicht passiert, sollten die Teilnehmer immer überprüfen, ob die Schlüssel vom korrekten Teilnehmer stammen. Dazu kann man zu jedem Schlüssel einen Hashwert (eine Prüfsumme oder ein Fingerabdruck) erzeugen und dann auf einem anderen Kommunikationsweg nachfragen, ob dieser zum Schlüssel des anderen Teilnehmers paßt (siehe Seite 101). Ein anderer Weg ist das Web of Trust[1]: Bei dem man sich gegenseitig das Vertrauen ausspricht.

---

[1] https://de.wikipedia.org/wiki/Web_of_Trust

Solche Szenarien sind aber selten und führen im Rahmen dieser Einführung zu weit.

Nachrichten signieren

Um sicherzustellen, daß eine Nachricht unverändert übertragen wurde und in genau dem Zustand ist, in dem Sie abgesendet wurde, kann man die Nachricht signieren; also mit einer digitalen Unterschrift versehen.

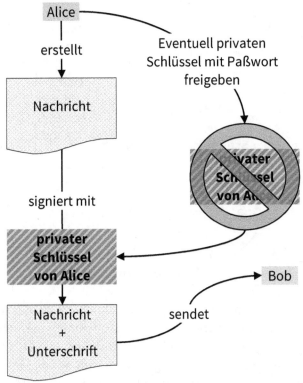

Sie können jede Nachricht signieren – unabhängig davon, ob der Empfänger PGP nutzt oder nicht und unabhängig davon, ob Sie den öffentlichen Schlüssel des Empfängers besitzen oder nicht. Eine signierte Nachricht ist weiterhin für jeden lesbar. Die Nachricht wird im Klartext wie eine unsignierte Nachricht übertragen und kann gelesen werden. Es werden lediglich ein paar Zeichen am Anfang und am Ende zusätzlich eingefügt.

1. Sie erstellen die Nachricht wie gewohnt und unterschreiben sie mit Hilfe Ihres privaten Schlüssels. Der Schlüssel wird dabei nicht weitergegeben. Es wird lediglich auf Basis des Schlüssels eine Unterschrift erstellt, die nur für diese Nachricht korrekt ist.

2. Anschließend senden Sie die Nachricht wie gewohnt ab.

3. Der Empfänger (Bob) kann die Nachricht wie gewohnt lesen. Lediglich ein paar zusätzliche Zeichen am Anfang und am Ende des Textes sind enthalten. Aus der Signierung ergibt sich kein Nachteil oder Handlungsbedarf für den Empfänger.

4. Möchte der Empfänger prüfen, ob die Nachricht wirklich von Ihnen (Alice) stammt und/oder der Inhalt nicht auf dem Transportweg verändert wurde, dann kann er mit Hilfe Ihres öffentlichen Schlüssels die Echtheit in GnuPG verifizieren. Dies kann auch automatisch im E-Mail-Programm erfolgen, so daß dort ohne weiteres zutun gezeigt wird, ob die Unterschrift korrekt ist.

> ⊟ OpenPGP Korrekte Unterschrift von Florian Schäffer ‧▮▬▬▬▬▬▮▮▮‧
> Schlüssel-ID: 0xCAB0DB80 / Unterschrieben am: 28.06.2010 10:05

Beispiel für eine (fiktive) signierte Nachricht:
```
-----BEGIN PGP SIGNED MESSAGE-----
Hash: SHA1
```

```
Hier steht die eigentliche Nachricht.
-----BEGIN PGP SIGNATURE-----
Version: GnuPG v1.4.11 (MingW32)

iEYEARECAAY-
FAlH5ME8ACgkQ2AP4QMqw24B+HwCfYsV6mzXWWN9bUGaduippMxE/
bBwAoN5zaHjmagbeycZ3LFgk2jqqmuTh
=KNuC
-----END PGP SIGNATURE-----
```

Der Text zwischen "`-----BEGIN`" und "`-----END`" beinhaltet die komplette signierte Botschaft. Im Abschnitt "`-----BEGIN PGP SIGNATURE`" befinden sich Angaben zur genutzten Programmversion von GnuPG und die eigentliche Signatur als Zeichencode. Der Text "`Hash: SHA1`" am Anfang weist darauf hin, daß die (am meisten genutzte) mathematische Hashfunktion[1] genutzt wurde, um die Prüfsumme für die Nachricht zu bestimmen. Anhand dieser Prüfsumme wird bei der Verifizierung geprüft, ob die Nachricht unverändert geblieben ist.

Verschlüsselungsalgorithmus RSA und andere

Es gibt verschiedene Algorithmen, mit denen eine Nachricht verschlüsselt werden kann. Diese Algorithmen beschreiben den mathematischen Codierungsablauf und haben nichts mit dem Prinzip der zwei Schlüssel zu tun. Grundsätzlich gibt es Algorithmen, die sicher sind und welche, die weniger bis unsicher sind. Zwei Kriterien sind:

- Bitlänge: Je länger der Schlüssel ist, desto sicherer ist die Verschlüsselung. Stand der Technik sind Schlüssel mit 1024 oder 2048 Bit. Einige Algorithmen erlauben nur sehr kurze Schlüssel (z. B. nur 56 Bit bei DES[2])

- Algorithmus: Verschiedene Algorithmen wurden von staatlichen Stellen entworfen oder es beteiligten sich sogar

---

[1] https://de.wikipedia.org/wiki/Hashfunktion
[2] https://de.wikipedia.org/wiki/Data_Encryption_Standard

Geheimdienste wie die NSA an der Entwicklung (wieder: DES). Derartige Schlüssel müssen als unsicher betrachtet werden.

Da es auch problematisch sein kann, wenn ein Algorithmus benutzt wird, den das Programm der Gegenseite nicht beherrscht, empfiehlt sich RSA[1]. Wenn Sie ein neues Schlüsselpaar erstellen, werden Sie meistens gefragt, welchen Algorithmus Sie benutzen wollen.

Nachricht verschlüsseln

Die Verschlüsselung einer Nachricht macht sie für jeden unlesbar. Lediglich derjenige für den die Nachricht bestimmt ist, kann sie wieder entschlüsseln. Um eine Nachricht zu verschlüsseln, ist es notwendig, daß Sie den öffentlichen Schlüssel des Empfängers besitzen.

Sie erstellen die Nachricht an Bob und verschlüsseln Sie mit dem öffentlichen Schlüssel von Bob.

---

[1] https://de.wikipedia.org/wiki/RSA-Kryptosystem

1. Die Nachricht wird verschickt. Keiner kann die Nachricht entziffern.

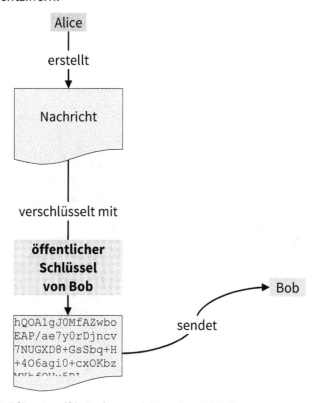

Beispiel für eine (fiktive) verschlüsselte E-Mail:

```
-----BEGIN PGP MESSAGE-----
Charset: ISO-8859-15
Version: GnuPG v1.4.7 (MingW32)

hQE-
OA1gJ0MfAZwboEAP/ae7y0rDjncv7NUGXD8+GsSbCEp+DYqFPnbO5wH
Pa840q
QhFA185tMj3Ae9sGGDHGNz6ZHxzaq/HH9BrbAK/H7Kumokt1exeuCxH
5GOXFwzq6
92W7sfGhKcpYKSkFDUuU3QwZ4qfKKjjlaFrCtOwYoIxvnLpyKE1WgIN
PbGDTrHt/
bSV36DFuPR73FfJ0RYfnAF4fnJuXNX1SMbTFKZLnDO1BVgA3IGGcKw=
=
=wUDx
-----END PGP MESSAGE-----
```

2. Damit Bob die Nachricht dechiffrieren kann, benötigt er seinen <u>privaten</u> Schlüssel. Wie immer, wenn man seinen eigenen privaten Schlüssel benutzt, wird Bob hierbei aufgefordert das Paßwort einzugeben, welches er bei der Erzeugung seiner Schlüssel festgelegt hat. Die meisten Programme merken sich für eine gewisse (einstellbare) Zeit dieses Paßwort und fragen dann nicht mehr nach, so daß auch die Dechiffrierung ohne Eingriffe erfolgen kann.

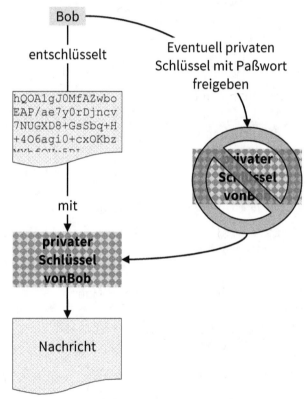

Nachrichten verschlüsseln und signieren

Beide Verfahren lassen sich auch kombinieren: Zuerst wird eine Nachricht vom Absender (mit seinem privaten Schlüssel) signiert und dann anschließend die signierte E-Mail noch für den Empfänger (mit dessen öffentlichem Schlüssel) verschlüsselt. Dadurch kann sichergestellt werden, daß die verschlüsselte Botschaft auch wirklich vom Absender stammt.

Eine Schwachstelle[1] kann sich wohl daraus ergeben, wenn man zuerst signiert und dann verschlüsselt. Allerdings arbeiten die PGP Tools alle nach diesem Verfahren, wie es auch im RFC 4880[2] unter 2.1 beschrieben wird. Insofern können Sie nicht wählen, in welcher Reihenfolge verfahren wird und Sie aktivieren einfach die Optionen, die angewendet werden sollen.

Im Schadensfall

Wenn Ihr privater Schlüssel verloren geht, in die Hände Dritter gelangt oder Sie sich nicht mehr an das Paßwort für den Zugriff auf den Schlüssel erinnern können, sollten Sie Ihren öffentlichen Schlüssel widerrufen und damit für ungültig erklären. Dies ist zwar nicht zwingend notwendig, doch es gehört zum guten Stil. Natürlich können Sie auch alle Ihre Kommunikationspartner darüber informieren, daß Sie den bisherigen öffentlichen Schlüssel nicht mehr benutzen sollen. Sie können sich jederzeit ein neues Schlüsselpaar erzeugen.

Um einen alten Schlüssel zu widerrufen bzw. zurückzuziehen, kann bei der Generierung ein Zertifikat erzeugt werden. Dabei handelt es sich nur um eine kurze Textdatei. Wenn diese Datei an einen öffentlichen Schlüsselserver oder an Ihre Kommunikationspartner geschickt wird, erkennen diese den Widerruf und markieren den Schlüssel dauerhaft als ungültig (er wird nicht tatsächlich gelöscht). Ein Widerrufszertifikat ist nicht unbedingt erforderlich. Wenn Sie nur mit PGP experimentieren wollen, können Sie auch ein Gültigkeitsdatum bei der Schlüsselerzeugung angeben, nach dem der Schlüssel automatisch ungültig wird. Mit

---

[1] https://de.wikipedia.org/wiki/Pretty_Good_Privacy#Sicherheit
[2] Request for Comments 4880: http://tools.ietf.org/html/rfc4880#page-6

dem Widerrufszertifikat können Sie den Schlüssel aber jederzeit für ungültig erklären.

2.3 PGP/INLINE und PGP/MIME

Die bisherigen Ausführungen (und auch die weiteren) zu PGP zeigen stets, wie PGP mit jedem beliebigen E-Mailprogramm genutzt werden kann. Dabei handelt es sich um das als PGP/INLINE oder PGP-Inline (auch inline-PGP) genannte Verfahren (der Name selbst ist nicht standardisiert). Hierbei werden die gesamten zusätzlich benötigten Informationen für PGP innerhalb der eigentlichen Nachricht als Klartext angegeben. Das führt dazu, daß die eigentliche Nachricht von Zeichen umgeben ist, die von unbedarften Anwendern nicht verstanden werden und zu Irritationen führen.

Beispiel für eine (fiktive) signierte Nachricht:

```
-----BEGIN PGP SIGNED MESSAGE-----
Hash: SHA1
Hier steht die eigentliche Nachricht.
-----BEGIN PGP SIGNATURE-----
Version: GnuPG v1.4.11 (MingW32)

iEYEARECAAY-
FAlH5ME8ACgkQ2AP4QMqw24B+HwCfYsV6mzXWWN9bUGaduippMxE/
bBwAoN5zaHjmagbeycZ3LFgk2jqqmuTh
=KNuC
-----END PGP SIGNATURE-----
```

Der Vorteil ist aber, daß diese E-Mail von jedem E-Mailclient fehlerfrei angezeigt wird.

Alternativ bietet sich heutzutage die Verwendung von PGP/MIME an. Mailprogramme die diese Kodierung unterstützen, können damit zuverlässig erkennen, daß es sich bei der E-Mail und deren Anhänge um eine PGP -verschlüsselte und/oder PGP -signierte Nachricht handelt. Die eigentliche Nachricht wird korrekt und ohne zusätzliche Zeichen angezeigt. Eine Signatur wird dann als Dateianhang mit den Dateinamen *signature.asc* angezeigt. Wenn der E-Mailclient PGP beherrscht, wird die Signatur wie gewohnt geprüft und das Ergebnis wird mitgeteilt. Auf die Anzeige eines Dateianhangs wird dann verzichtet.

Thunderbird kann Dank Enigmail mit PGP umgehen und zeigt das Ergebnis der Signaturprüfung an:

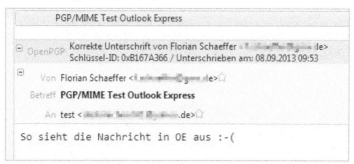

Im Gegensatz zu Thunderbird beherrschten bis Mitte 2008 einige populäre Mailprogramme PGP/MIME jedoch nicht (z. B. Microsoft Outlook, Outlook Express und das Mailmodul von Opera). Diese Mailprogramme zeigten dann in der Regel nur einen Hinweistext an. In Outlook Express (hier Version 6) wurde selbst die eigentliche Nachricht beispielsweise als Dateianhang behandelt und konnte nur darüber angezeigt, aber zum Beispiel nicht für eine Antwort weiterbenutzt werden:

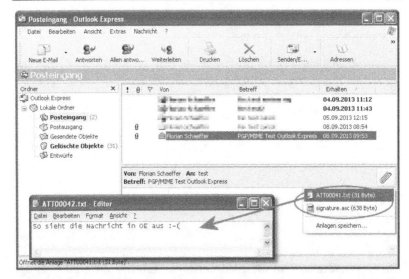

Aktuelle Programme ohne PGP-Unterstützung sowie auch Web-mailer, zeigen die eigentliche Nachricht immerhin inzwischen korrekt an, so daß man sie weiter benutzen kann, und bieten den PGP Schlüssel als Dateianhang zum Download etc. an. Bei unerfahrenen Benutzern führt dieser Dateianhang aber auch immer wieder zu Verwirrung, da sie mit ihm nichts anfangen können, und denken, es handelt sich um einen Virus o. ä.

E-Maildarstellung im Webbrowser bei Yahoo!Mail:

2.4 Test der E-Mail-Anwendung mit Adele

Wenn Sie PGP installiert haben (wird in den folgenden Kapitel beschrieben) können Sie die Installation mit Ihrem E-Mail-Client testen. Wie Sie mit den verschiedenen Programmen arbeiten, steht auch in den nächsten Kapiteln. Hier nur eine generelle Beschreibung des Tests.

Das GNU Privacy Projekt[1] unterhält den freundlichen Mailbot Adele. Diesem können Sie probeweise E-Mails schicken. Je nach Inhalt reagiert der Bot mit einer automatisch generierten Antwort.

1. Erstellen Sie eine E-Mail mit beliebigen Betreff und Inhalt an *adele@gnupp.de*.

2. Hängen Sie Ihren öffentlichen Schlüssel als Dateianhang an diese E-Mail. In Thunderbird erledigen Sie das über den Menüpunkt (aus der Hauptmenüleiste, nicht den Menüeintrag in der Verfassen-Symbolleiste benutzen) *OpenPGP/Öffentlichen Schlüssel anhängen*.

---

[1] http://www.gnupp.de/

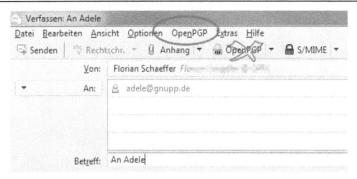

3. Schicken Sie die E-Mail ab.

4. Wenige Minuten später erhalten Sie eine Antwort. Diese ist mit Ihrem öffentlichen Schlüssel verschlüsselt worden. Damit Sie die Nachricht lesen können, müssen Sie ggf. Ihr Paßwort für Ihren privaten Schlüssel eingeben.

5. Die E-Mail enthält zudem den öffentlichen Schlüssel von Adele als Textblock. Importieren Sie den Schlüssel in Ihre Schlüsselverwaltung (Thunderbird: Seite 106, Outlook: 131).

6. Erstellen Sie eine neue beliebige E-Mail an Adele, verschlüsseln Sie diese diesmal mit Adeles öffentlichem Schlüssel. und schicken Sie die Nachricht ab.

7. Ein paar Minuten später erhalten Sie wieder eine Antwort. Neben einer kurzen Anrede enthält die Antwort auch die von Ihnen verschlüsselte Nachricht in entschlüsselter Form. Dadurch können Sie erkennen, daß Ihre Nachricht erfolgreich beim Empfänger Adele entschlüsselt werden konnte.

3 Was ist besser? PGP oder S/MIME?

Neben dem bereits vorgestellten PGP gibt es auch noch S/MIME[1] (Secure/Multipurpose Internet Mail Extensions).

3.1 Was ist überhaupt S/MIME?

Im Grunde benutzt S/MIME ein ähnliches Verschlüsselungsverfahren wie PGP: Es gibt öffentliche und private Schlüssel. Diese werden aber stets "Zertifikate" (genauer gesagt, ein X.509-basiertes Zertifikat) genannt und auch nicht in einem Schlüsselring gesammelt. Die technischen Ausführungen zur Funktionsweise von PGP können deshalb auch auf S/MIME übertragen werden. Ein Zertifikat ist ebenfalls eine Datei, kann aber (für den sinnvollen praktischen Einsatz) nur von einer (offiziellen) Zertifizierungsstelle (Certification Authority, Root-CA oder kurz CA) ausgestellt werden. Das persönliche Zertifikat bestätigt im Grunde, daß der Inhaber überprüft wurde. Da bei kostenlosen Zertifikaten diese Prüfung nur rudimentär oder gar nicht erfolgt, darf man dem Inhaber eines Zertifikats eigentlich nicht blind trauen, daß es sich dabei um die im Zertifikat genannte Person handelt. Im Zertifikat ist ebenfalls die ausstellende Zertifizierungsstelle benannt. Diese muß über ein sogenanntes Root-Zertifikat verfügen, wodurch die CA sich ausweisen kann und man als Anwedner die Legitimität überprüfen könnte. Dem persönlichen Zertifikat können die beiden Schlüssel (öffentlicher und privater) des Inhabers beigefügt werden. Weitergeben sollte man aber immer nur ein Public-Key-Zertifikat, in dem nur der öffentliche Schlüssel enthalten ist.

Es ist zwar möglich[2], ein Zertifikat zu beantragen und dann die beiden notwendigen Schlüssel selbst zu erzeugen, üblich ist aber für Normalanwender eher, auch die Schlüsselerstellung dem Zertifikataussteller zu übertragen. Dieser kennt dann aber Ihren privaten Schlüssel. Daraus ergibt sich ein eklatantes Sicherheits-

---

[1] https://de.wikipedia.org/wiki/S/MIME
[2] http://wiki.cacert.org/CAcertInShort-de (Erstellen eines Schlüssel Paares)

---

loch bei S/MIME, denn wenn dieser Schlüssel in die falschen Hände gerät, ist eine Verschlüsselung mit diesem Schlüssel hinfällig.

Die Zertifizierungsstellen verlangen i. d. R. eine Gebühr für die Ausstellung eines Zertifikates. Für Privatanwender gibt es aber auch kostenlose Angebote, bei denen die Zertifikate dann aber nur eine begrenzte Zeitspanne lang gültig sind (mehr als ein Jahr ist nicht im Angebot). Einige Banken stellen auch (mehrjährig gültige) Zertifikate aus, um diese z. B. für Onlinebanking zu nutzen. Je nach Zertifikat kann dieses dann ggf. auch für S/MIME genutzt werden.

Einige Zertifizierungsstellen wie zum Beispiel CAcert sind jedoch in vielen E-Mail-Clients und Webbrowsern noch nicht in der Zertifikatsdatenbank als vertrauenswürdige Zertifizierungsstelle eingetragen oder von einer dort eingetragenen Root CA zertifiziert. Ein Benutzer, der eine Verbindung zu einem Server mit einem solchen (bspw. CAcert-) Zertifikat aufbaut, wird daher eine Meldung erhalten, dass die Herkunft des Zertifikates nicht überprüft werden konnte. Das bedeutet nicht, daß die Zertifikate oder diese CAs an sich unsicher oder unseriös sind. Es ist für den Laien aber ein zusätzlicher Aufwand, zu erkennen, daß mit dem Zugriff bei der Fehlermeldung in diesem Einzelfall kein Sicherheitsrisiko einhergeht und das notwendige Rootzertifikat manuell installiert werden kann. Da Grundsätzlich eher davon abzuraten ist, "blind" (Root-) Zertifikate zu installieren, da auf diesem Weg auch Sicherheitslücken entstehen können, ist von einer solchen CA eher Abstand zu nehmen.

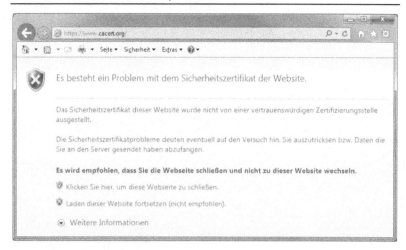

3.2 Pro und Contra

Gleich Vorweg: Eine klare Antwort, welches Verfahren besser ist, gibt es nicht. Selbst die "Experten" sind sich nicht einig. Es gibt für beide Methoden Vor- und Nachteile. Im Grunde obliegt es Ihnen, sich für eine Technik zu entscheiden. Sie können sogar beide Techniken nutzen: Mal unterschreiben/verschlüsseln Sie mit PGP, mal mit S/MIME bzw. Sie bekommen E-Mails, bei denen mal das eine, mal das andere Verfahren genutzt wird.

Eine völlig wertfreie und ausführliche Abwägung kann hier nicht geliefert werden. Auch reicht der Platz nicht, um die folgenden Punkten ausführlich zu erörtern. Deshalb folgt eine einfache Gegenüberstellung der Merkmale.

PGP	S/MIME
Software und Plugin muß erst installiert werden	Bereits in vielen Programmen integriert
Kann für jede Art von Datei und Text benutzt werden	Eignet sich ohne Aufwand nur für E-Mails
"Verunstaltet" die E-Mail mit zusätzlichen Zeichen. Kann aber mit PGP/MIME verhindert werden	Keine zusätzlichen Zeichen im E-Mail-Text
Schlüsselpaar kann lokal mit Software generiert werden	Zertifikate können nur bei einer Zertifizierungsstelle beantragt werden
Haltbarkeit der Schlüssel frei wählbar	Kostenlose Zertifikate nur begrenzt haltbar (max. 1 Jahr üblicherweise)
Keine weiteren Zertifikate o. ä. notwendig	Irritierender Warnhinweis, wenn kein Rootzertifikat existiert. Manuelle Installation notwendig
Schlüssel kostenlos generierbar	Zertifikate eigentlich kostenpflichtig. Es gibt aber derzeit kostenlose Angebote
Sicherheit liegt in der Open-Source Gemeinde und ist im Grunde unantastbar	Sicherheit liegt nur bei Zertifizierungsstelle, daß das Zertifikat ausstellt. Diese könnte zur Herausgabe der Schlüssel gezwungen werden
Nutzung in Outlook (2013) umständlich	Integration in Outlook (2013) gut aber Zertifikatimport teilweise umständlich
Nutzung in Thunderbird einfach	Nutzung in Thunderbird einfach

Eine subjektive Empfehlung meinerseits tendiert eher zu PGP. Da es sich bei den Implementierungen um OpenSource Projekte handelt, ist es relativ schwer, Hintertüren oder ähnliches zu implementieren. Zudem liegt die Schlüsselgenerierung ausschließlich beim Nutzer. Da bei S/MIME die Schlüssel privater Anwender wohl meistens von der CA erzeugt werden, stellen sie ein lohnendes Angriffsziel[1] für Geheimdienste dar. Ein einmal aufgedeckter Schlüssel gewährt den Vollzugriff auf alle mit ihm verschlüsselte Nachrichten ohne daß dem Benutzer dies offenbart wird.

Nutzen Sie das Verfahren, welches Ihnen sympathischer ist, welches sich besser in Ihre Arbeitsumgebung integriert oder welches Ihre Kontaktpartner favorisieren. Es geht ja im Grunde auch hier weniger um die absolute Sicherheit, als darum, E-Mails zu verschlüsseln, um den Geheimdiensten ihre Grenzen zu zeigen.

---

[1] http://heise.de/-1950935

---

4 PGP Softwareinstallation

Hier wird lediglich die Installation unter MS Windows beschrieben. Als E-Mail-Programm kommt Thunderbird zum Einsatz, welches Sie bereits installiert und konfiguriert haben und mit dessen Benutzung Sie vertraut sein sollten. Kenntnisse über den Explorer (Dateimanager) sollten Sie besitzen. Ebenso sollten Sie mit dem Download und der Installation von Programmen vertraut sein. Wenn nicht, lassen Sie sich lieber helfen.

4.1 GnuPG/Gpg4win

Mit der Installation von GnuPG bzw. dem Anwenderprogramm Gpg4win installieren Sie auf Ihrem PC PGP und das Programm, um Schlüssel zu erstellen und zu verwalten. Im Grunde können Sie aber auch die meisten Verwaltungsaufgaben später direkt in Thunderbird vornehmen.

1. Laden Sie sich das Installationspaket herunter. Auf der Webseite http://gpg4win.de finden Sie einen Downloadbereich. Die folgenden Ausführungen beziehen sich auf Gpg4win 2.2.0 (Veröffentlicht: 2013-08-21). Es wird nur der Light-Installer benötigt.

Hinweis: Wenn Sie Outlook oder ein anderes E-Mail-Programm nutzen oder E-Mail über ein Webfrontend (GMX, Web.de etc.) verschicken, benötigen Sie die Vollinstallation (Full-Installer). Bitte installieren Sie dann auch zusätzlich *Kleopatra*.

2. Öffnen Sie den Explorer und suchen Sie die heruntergela-
   dene Datei `gpg4win-light-2.2.0-beta34.exe`.

3. Klicken Sie doppelt auf den Dateinamen, um die Installation zu starten. Die Installation läuft in den üblichen Schritten ab.

4. Wählen Sie die Installation von Claws-Mail ab. Wenn Sie kein Outlook benutzen, können Sie auch GpgOL weglassen.

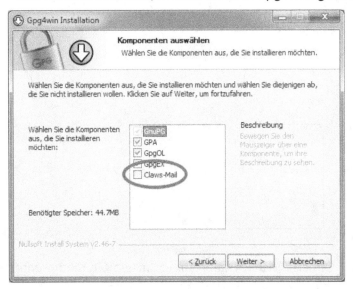

5. Folgen Sie den weiteren Schritten (geben Sie ggf. ein alternatives Zielverzeichnis an) und beenden Sie die Installation ohne sich das Readme anzeigen zu lassen.

4.2 Add-On Enigmail in Thunderbird installieren

Damit Thunderbird einfach mit PGP zusammenarbeitet, benötigen Sie das Add-on Enigmail.

1. Wählen Sie den Menüpunkt *Extras/Add-ons*, um die Registerkarte *Add-ons-Manager* zu öffnen.

2. Geben Sie im Suchfeld rechts oben "enigmail" ein und drücken Sie ⏎.

3. Wechseln Sie ggf. in die Ansicht *Verfügbare Add-ons*. Es erscheint eine Trefferliste.

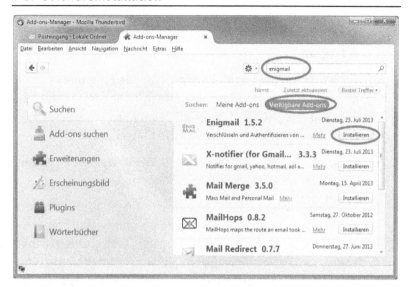

4. Klicken Sie auf die Schaltfläche *Installieren* rechts neben dem Eintrag *Enigmail*.

5. Die Datei wird heruntergeladen und installiert.

6. Zum Abschluß der Installation müssen Sie Thunderbird neu starten.

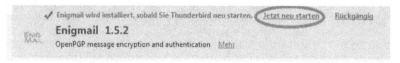

7. Nach dem Neustart können Sie die Registerkarte *Add-ons-Manager* schließen.

4.3 Konfiguration Enigmail und Schlüsselerzeugung

Nach der erfolgreichen Installation müssen Sie Enigmail noch ein klein wenig konfigurieren und vor allem Ihr eigenes Schlüsselpaar erzeugen. Im Internet gibt es auch ein kurz gehaltenes Video[1], welches Ihnen die folgenden Schritte teilweise zeigt.

1. In Thunderbird gibt es ein neues Menü: *OpenPGP*. Wählen Sie den Eintrag *OpenPGP/Einstellungen*.

2. Haben Sie sich an die oben gezeigte Installationsreihenfolge gehalten, dann sollte bei *Dateien und Verzeichnisse* der Pfad zum zuvor installierten Gpg4win automatisch eingetragen sein. Ist dies nicht der Fall, aktivieren Sie bitte *Anderer Pfad* und wählen Sie über *Suchen* den Ort aus, in dem die Datei gpg.exe sich befindet (`Installationspfad\pub` von Gpg4win).

Hinweis: Vor allem, wenn sich Enigmail im normalen Gebrauch nicht wie erwartet verhält (Fehlermeldungen, Schlüssel werden nicht angezeigt etc.), sollten Sie probieren, ob es sich bessert, wenn Sie manuell den Pfad angeben (Windows 8 machte bspw. bei einer Testinstallation erhebliche Probleme).

---

[1] http://heise.de/-1916681

3. Weitere Einstellungen sind hier nicht erforderlich: *OK*.

4. Rufen Sie das Menü *OpenPGP/OpenPGP-Assistent* auf und bestätigen Sie den ersten Schritt mit *Ja* und *Weiter*.

5. Dieser Schritt erscheint nicht, wenn Sie nur ein E-Mail-Konto nutzen. Wählen Sie, ob Sie PGP für alle E-Mail-Konten benutzen wollen oder nur für ausgewählte (insofern Sie denn mehrere Konten haben) und wählen Sie ggf. die gewünschten Konten aus.

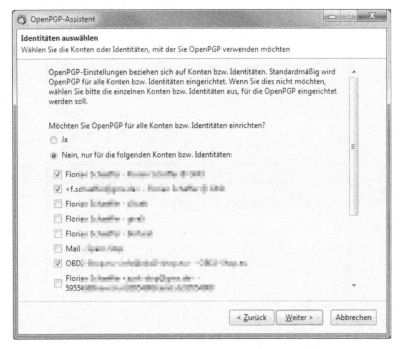

Quis custodiet custodes?

6. Legen Sie fest, ob Sie alle ausgehenden Nachrichten automatisch <u>unterschreiben</u> wollen. Dies ist sinnvoll. Diese und die folgende Einstellung können Sie später auch jederzeit wieder ändern (siehe Seite 93).

7. Legen Sie fest, ob Sie ausgehende Nachrichten immer automatisch verschlüsseln wollen. Dies ist nicht sinnvoll, da Sie vermutlich bisher nur wenige bis gar keine öffentlichen Schlüssel von Empfängern besitzen. Sobald sich PGP etabliert hat, können Sie dies noch später ändern.

8. Damit PGP reibungslos funktioniert, sollten ein paar Einstellungen von Thunderbird angepaßt werden (siehe *Details*). Haben Sie bisher E-Mails im HTML Format bearbeitet, dann wird dies zukünftig nur noch möglich, wenn Sie PGP/MIME nutzen. Der Verzicht auf HTML als Formatierung ist auch aus anderen Gründen sinnvoll, denn Attribute wie Schriftfarbe, -größe und –type haben in einer E-Mail nichts zu suchen. Eine E-Mail sollte nur aus Reintext-Zeichen bestehen. *Ja*.

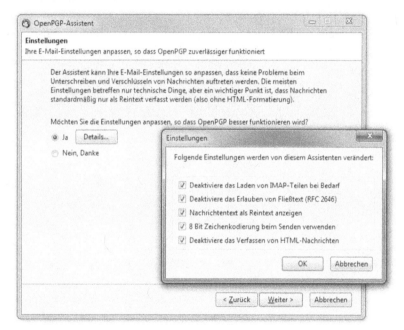

9. Wenn Sie bereits PGP Schlüssel besitzen und diese gefunden wurden, werden diese angezeigt. Sie können dann diese benutzen. Üblicherweise haben Sie noch kein Schlüsselpaar. Der Inhalt dieses Dialogfensters sieht dann ein wenig anders aus. Trotzdem gibt es die Möglichkeit: Aktivieren Sie deshalb *Ich möchte ein neues Schlüsselpaar erzeugen.*

10. Wählen Sie das E-Mail-Konto aus (*Benutzer-ID*), für das Sie ein Schlüsselpaar erstellen wollen. Für jede ihrer eigenen E-Mail-Adressen müssen Sie ein eigenes Schlüsselpaar erstellen, wenn Sie ein- oder ausgehende Nachrichten dieses Kontos mit PGP Unterschreiben oder Verschlüsseln wollen. In den meisten Fällen werden Sie nur ein Konto haben und dann ist keine Auswahl möglich/notwendig.

11. Denken Sie sich eine *Passphrase* (Paßwort) aus. Dieses Paßwort benötigen Sie immer, wenn Sie Ihren privaten Schlüssel benutzen wollen. Das Paßwort schützt Ihren privaten Schlüssel vor unbefugtem Zugriff. Denken Sie sich ein gutes Paßwort[1] mit mindestens acht Zeichen aus. Das ist aber die Mindestlänge – je mehr Zeichen, desto sicherer.

---

[1] MhKG75B!, https://www.sicher-im-netz.de/downloads/SicheresPasswort.aspx

12. Im nächsten Schritt gehen Sie *Weiter*. Warten Sie die Fertig-
    stellung des Schlüssels ab.

13. Klicken Sie auf *Zertifikat erzeugen*. Dabei handelt es sich le-
    diglich um eine Datei, die Sie speichern müssen und gut
    aufheben sollten und vor dem Zugriff Dritter schützen soll-
    ten.

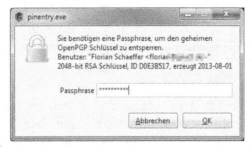

14. Um das Zertifikat zu erzeugen, müssen Sie Ihre oben ge-
    wählte Passphrase eingeben.

15. Anschließend ist die Installation fertig und das Schlüssel-
    paar ist generiert und kann genutzt werden. Der neu er-

zeugte Schlüssel wurde auch bereits mit sich selbst unterschrieben. Diese Signatur schützt die Schlüsseldaten vor einer Manipulation, so dass ein Dritter beispielsweise Ihre E-Mail-Adresse nicht unbemerkt durch seine eigene ersetzen kann.

Nachträglich manuelle Einstellungen vornehmen

Es empfiehlt sich, noch ein paar Einstellungen manuell zu tätigen, um die Benutzung von PGP weiter an Ihre Bedürfnisse anzupassen.

1. Rufen Sie dazu das Menü *OpenPGP/Einstellungen* auf und aktivieren Sie *Experten-Optionen anzeigen*, um weitere Karteikartenreiter zu sehen.

2. Auf der Registerkarte *Allgemein* können Sie einstellen, wie oft Sie nach der *Passphrase* (dem Paßwort) gefragt werden. Diese Einstellungen werden aber nicht berücksichtigt, da der GPG Agent (GPA) die Verwaltung der Paßwörter im sogenannten Cache steuert. Deshalb stellen Sie dies bitte mit dem GPA ein (siehe Seite 94).

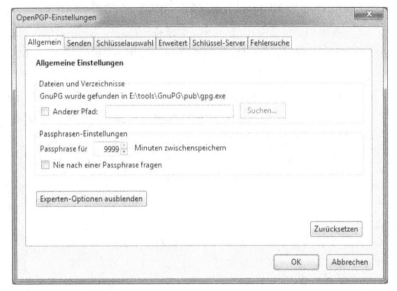

3. Auf der Registerkarte *Senden* aktivieren Sie *Zusätzlich mit eigenem Schlüssel verschlüsseln*, damit Sie verschlüsselte E-Mails später auch noch selber lesen können (ansonsten kann das nach dem Absenden nur noch der Empfänger). Für eine einfachere Benutzung können Sie noch *Schlüssel immer vertrauen* aktivieren.

Hinweis: Wenn Sie *Schlüssel immer vertrauen* aktivieren, können Sie (z. B: von einem Keyserver) importierte Schlüssel sofort benutzen ohne daß Sie noch festlegen müssen, daß Sie dem Schlüssel vertrauen (vgl. Seite 101). Dadurch wird einerseits die Nutzung vereinfacht, es verringert aber auch ein wenig die Sicherheit. Wenn Sie wirklich vertraulich und sicher arbeiten wollen, lassen Sie die Option aus.

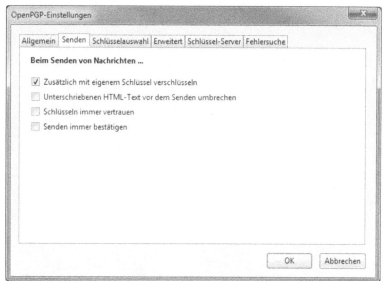

4. Wechseln Sie auf die Registerkarte *Schlüsselauswahl* und wählen Sie die Option *Durch Empfängerregeln oder E-Mail-Adressen*.

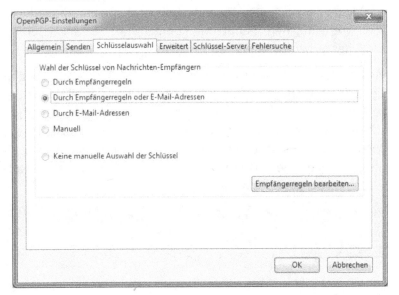

5. Auf der Registerkarte *Erweitert* aktivieren Sie die Option *Verschlüsseln/Unterschreiben...*

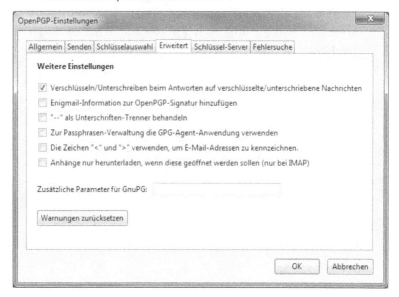

6. Auf der Registerkarte *Schlüssel-Server* tragen Sie in beide Felder den Server hkp://keys.gnupg.net ein. Dabei handelt es sich um ein Servernetzwerk bei dem bei Zugriff ein konkreter Server automatisch ausgewählt wird, der gut erreichbar ist.

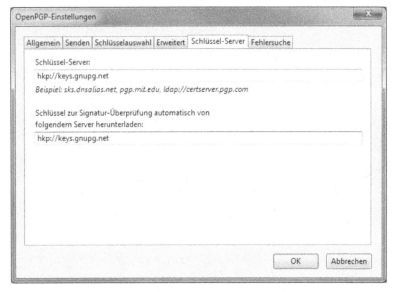

7. Mit *OK* beenden Sie Einstellungen.

8. Besitzen Sie mehrere E-Mail-Konten und/oder PGP Schlüssel, sollten Sie noch für jedes E-Mail-Konto einstellen, welcher PGP Schlüssel beim signieren benutzt wird. Öffnen Sie dazu den Menüpunkt *Extras/Konten-Einstellungen*.

9. Im linken Bereich werden alle Ihre E-Mail-Konten aufgelistet. Wiederholen Sie die folgenden Schritte für die Konten: Öffnen Sie ggf. die Untermenüs zu einem Konto (Klick auf den kleinen Pfeil links neben dem Kontonamen) und wechseln Sie in die Rubrik *OpenPGP-Sicherheit*.

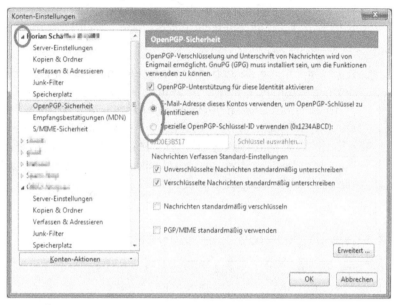

10. Aktivieren Sie die Option *E-Mail-Adresse dieses Kontos verwenden...*, damit der PGP Schlüssel benutzt wird, der zu dieser Adresse gehört. Sie können auch einen anderen Schlüssel vorgeben (*Spezielle OpenPGP-Schlüssel-ID...*), was aber eigentlich nicht sinnvoll ist. Bei Bedarf können Sie auch noch die weiteren Optionen einstellen.

11. In diesem Fenster können Sie auch einstellen, wie automatisch bei jeder neu verfaßten E-Mail PGP genutzt werden soll. Wenn Sie die Option *Unverschlüsselte Nachrichten standardmäßig unterschreiben* aktivieren, wird jede ausgehende E-Mail unterschrieben. Mit *Verschlüsselte Nachrichten standardmäßig unterschreiben* wird eingestellt, ob Sie jede ausgehende E-Mail (auch noch zusätzlich) unterschreiben

wird (was sinnvoll ist). Und mit *Nachrichten standardmäßig verschlüsseln*, wird jede Nachricht immer verschlüsselt, wenn Sie beim Verfassen nichts anderes einstellen und für den Empfänger ein Zertifikat bzw. seinen öffentlichen Schlüssel besitzen oder diesen nach dem Fertigstellen der Nachricht noch importieren. Die Vorgaben können Sie natürlich individuell beim Verfassen jeder Nachricht ändern (siehe Seite 110 und 116).

12. Wenn Sie davon ausgehen, daß Ihre Kommunikationspartner ein aktuelles E-Mailprogramm benutzen (sollte man eigentlich voraussetzen dürfen), dann aktivieren Sie noch die Option *PGP/MIME standardmäßig verwenden*. Dadurch werden die PGP Informationen in der Mail nicht als Inline Text eingebunden, sondern als Dateianhang mitversendet, was die Lesbarkeit steigert (s. Seite 64).

13. *OK.*

4.4 Konfiguration Gpg4win/GPA

In Gpg4win sind noch einige kleine Einstellungen zu erledigen. Hierzu wird der GNU Privacy Agent (GPA) benutzt:

1. Starten Sie *Start/Programme/Gpg4win/GPA*.

2. Aktivieren Sie ggf. die Ansicht *Details*. Wie Sie sehen besitzt Ihr neu erzeugter Schlüssel ein Ablaufdatum. Das dient zwar der Sicherheit, ist aber nicht unbedingt praktisch, da nach diesem Datum das Schlüsselpaar automatisch seine Gültigkeit verliert und Sie ein neues erzeugen müßten.

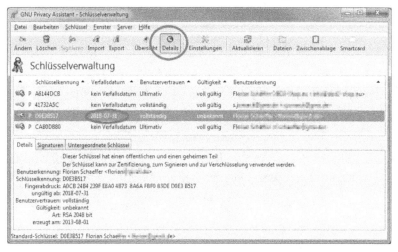

3. Markieren (anklicken) Sie Ihren neuen Schlüssel und rufen Sie das Menü *Schlüssel/Geheimen Schlüssel bearbeiten* auf.

4. Klicken Sie auf die Schaltfläche *Verfallsdatum ändern*.

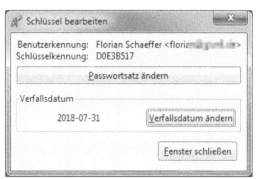

5. Wählen Sie ein anderes Datum das weit in der Zukunft liegt (z. B. definitiv nach Ihrem Ableben, da dann der Schlüssel

garantiert nicht mehr gebraucht wird) oder die Option *kein Verfallsdatum*.

6. Wie immer wenn Sie Ihren privaten Schlüssel ändern oder benutzen, müssen Sie das Paßwort für ihn eingeben.

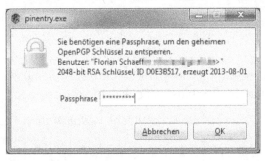

7. Anschließend können Sie das Dialogfenster *Schlüssel bearbeiten* mit *Fenster schließen* beenden.

8. Nun sollten Sie noch sicherstellen, daß Ihr öffentlicher Schlüssel auf einen Server übertragen wird. Markieren Sie deshalb ggf. wieder in GPA Ihren Schlüssel und wählen Sie *Server/Schlüssel Senden*.

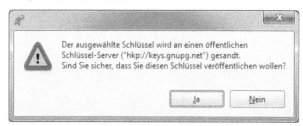

9. Bestätigen Sie die Sicherheitsfrage mit *Ja*.

Hinweis: Es kann einige Tage dauern, bis sich ihr öffentlicher Schlüssel nun über die verschiedenen Schlüsselserver weltweit verteilt hat und so allen Anwendern automatisch zur Verfügung steht.

Sie können noch einstellen, wie lange ein einmal verwendetes Paßwort zwischengespeichert wird. Im Regelfall werden Sie bei der ersten Notwendigkeit danach gefragt. Anschließend merkt sich das System das Paßwort für die angegebene Zeit. Wenn Sie zwischendurch Thunderbird beenden und neustarten, müssen Sie daß Paßwort <u>nicht</u> erneut wieder eingeben. Es ist nicht möglich, daß Sie nie nach dem Paßwort gefragt werden (auch wenn Enigmail dies bei dessen Konfiguration anbietet). Das senkt natürlich die Benutzerfreundlichkeit, stellt aber ansonsten ein **Sicherheitsrisiko** da, da dann jeder Benutzer, der an Ihren PC kommt, PGP nutzen kann und Zugriff auf Ihren privaten Schlüssel hat, um Nachrichten zu entschlüsseln und zu signieren.

Im Normalfall wird das Paßwort für 600 Sekunden (zehn Minuten) zwischengespeichert. Nach dieser Zeit, müssen Sie es erneut eingeben. Sie können die Zeit aber auch individuell ändern.

10. Wählen Sie in GPA *Bearbeiten/"Backend" Einstellungen*.

11. Wechseln Sie auf die Registerkarte *GPA Agent* und stellen Sie als *Stufe Experte* ein.

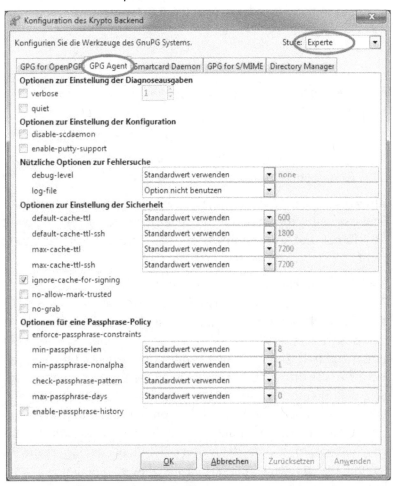

12. Bei *default-cache-ttl* legen Sie fest, wieviele Sekunden die Paßwörter im Cache bleiben. Bei *max-cache-ttl* legen Sie den maximal erlaubten Wert für die Zeitspanne fest, weshalb hier ein größerer oder gleicher Wert wie bei *default-cache-ttl* stehen muß. Ändern Sie zuerst die Auswahl auf *Benutzerdefinierter Wert* und tragen Sie dann eine Zeitspanne in Sekunden ein. Sie können als maximale Zeit den

Wert *4294967295* (136 Jahre) eingeben. Alternativ können Sie auch *-1* schreiben, was dann beim Speichern zu *4294967295* geändert wird.

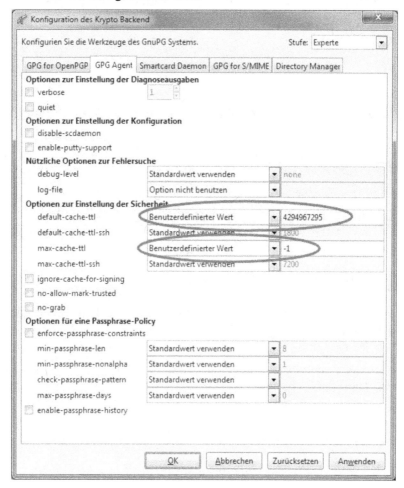

13. Anschließend können Sie GPA beenden.

4.5 Schlüssel verwalten

Hier einige (fortgeschrittene) Techniken, wie Sie Ihre und Dritte Schlüssel verwalten. Die meisten Vorgänge können Sie entweder in GPA von Gpg4win oder im Add-on Enigmail in Thunderbird vornehmen. Hier wird sich auf Enigmail beschränkt.

Öffnen Sie dazu von Thunderbird aus das Menü *OpenPGP* und rufen Sie den Menüpunkt *Schlüssel verwalten* auf.

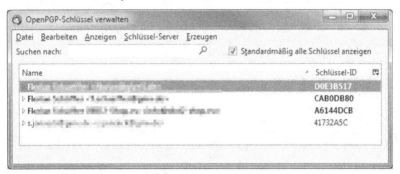

Für alle folgenden Operationen müssen Sie den Schlüssel, den Sie verwalten wollen, markiert haben, in dem Sie die entsprechende Zeile einmal anklicken (blauer Hintergrund).

Öffentlichen Schlüssel per E-Mail versenden

Wenn Sie einem anderen Ihren öffentlichen Schlüssel schicken wollen (damit er Nachrichten an Sie verschlüsseln und Ihre Signatur überprüfen kann), dann können Sie dies per E-Mail erledigen, da es sich bei dem Schlüssel lediglich um eine kleine Datei mit Textzeichen handelt. Das direkte Senden eines Schlüssels hat den Vorteil, daß der andere Ihren Schlüssel sofort benutzen kann und nicht erst darauf warten muß, daß sich Ihr Schlüssel über die Keyserver verteilt hat.

1. Wählen Sie *Datei/Öffentliche Schlüssel per E-Mail senden*.

2. Es wird ganz normal eine neue E-Mail erstellt. Als Anhang wird der öffentliche Schlüssel als Datei (`*.asc`) beigefügt.

3. Fügen Sie einen (oder mehrere) Empfänger ein, tragen Sie beim *Betreff* etwas hilfreiches ein und schreiben Sie ein paar nette Worte.

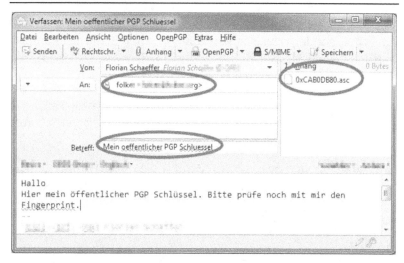

4. Schicken Sie die E-Mail wie gewohnt ab.

Vertrauen in einen Schlüssel festlegen

Wenn Sie einen öffentlichen Schlüssel von jemandem erhalten, ist es ratsam zu prüfen, ob der Schlüssel auch wirklich vom vermeintlichen Inhaber stammt und ob er nicht irgendwie manipuliert wurde. Dies ist notwendig, wenn Sie besonders viel Wert auf die Sicherheit von PGP legen. Für diese Überprüfung sollten Sie einen anderen Kommunikationsweg benutzen, als den, über den Sie den öffentlichen Schlüssel erhalten haben. Wenn Sie den Schlüssel von einem Keyserver oder per E-Mail erhalten haben, können Sie beispielsweise mit dem Inhaber telefonieren, SMS austauschen oder ein Fax nutzen.

Hinweis: Wenn Sie diese Schritte nicht ernst nehmen oder sich bei der Überprüfung nicht die erforderliche Mühe machen, untergraben Sie das ganze System. Lassen Sie es dann lieber sein und ändern Sie nichts an den Vertrauenseinstellungen. Es genügt auch nicht, nur die ID eines Schlüssels abzugleichen. Diese sollen zwar eigentlich eindeutig sein, können aber dennoch mehrfach[1]

---

[1] http://heise.de/-2473281

benutzt werden. Dadurch wird nicht die Verschlüsselung an sich unsicher, sondern nur das Vertrauen in einen Schlüssel kompromittiert, wenn Sie nur die ID und nicht den ganzen Fingerprint vergleichen.

1. Öffnen Sie in der Schlüsselverwaltung die Schlüsseleigenschaften über das Menü *Anzeigen/Schlüsseleigenschaften* für den zu prüfenden Schlüssel.

2. Der Inhaber des Schlüssels muß dies <u>bei sich mit seinem</u> Schlüssel auch machen.

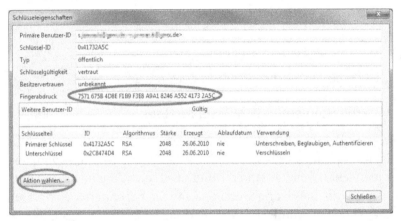

3. Jetzt vergleichen Sie beide den Fingerabdruck Zeichen für Zeichen. Diesen Fingerabdruck könnten Sie zur Überprüfung auch per SMS oder Fax etc. verschicken.

4. Anschließend können Sie festlegen, wie sehr Sie dem Schlüssel (im Grunde nicht dem Absender) in Zukunft vertrauen wollen: Gehen Sie bei *Aktion wählen* auf den Eintrag *Besitzvertrauen festlegen*.

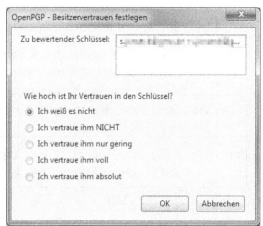

Ich weiß es nicht	Wenn Sie den Fingerabdruck nicht überprüft haben. Standardwert für neue Schlüssel.
Ich vertraue ihm NICHT	Wenn Sie den Fingerabdruck überprüft haben und er <u>nicht</u> mit dem des eigentlichen Inhabers übereinstimmt. Schlimmster Fall.
Ich vertraue ihm nur gering	Wenn Sie den Fingerabdruck verglichen haben und er übereinstimmt. Allerdings haben Sie den Fingerabdruck auf einem unsicheren Weg (z. B. den gleichen wie den Schlüssel – beide per E-Mail) erhalten.
Ich vertraue ihm voll	Wenn Sie den Fingerabdruck verglichen haben und er übereinstimmt. Der Austausch des Fingerabdrucks erfolgte über eine sichere Verbindung.
Ich vertraue ihm absolut	Wenn Sie den Fingerabdruck mehrmals verglichen haben und er übereinstimmt. Der Austausch des Fingerabdrucks erfolgte jedesmal über eine andere sichere Verbindung.
	Auch für Ihren eigenen Schlüssel können Sie das Besitzervertrauen festlegen. Für Ihren eigenen Schlüssel wählen Sie ebenfalls diese Option.

In Thunderbird wird im Nachrichtenkopf durch farbliche Hinterlegung angezeigt, wie weit Sie einem verwendeten Schlüssel vertrauen, der in einer E-Mail an Sie benutzt wurde. Grau weist auf eine verschlüsselte Nachricht hin, grün, wenn Sie als Vertrauen eingestellt haben, daß Sie der Unterschrift voll oder absolut vertrauen und hellblau bei allen anderen Einstellungen.

Sicherheitskopie Ihres Schlüsselpaares erzeugen

Um Ihr Schlüsselpaar (also den privaten und den öffentlichen Schlüssel) oder nur den öffentlichen Schlüssel auf einem anderen Datenträger zu sichern, können Sie die Schlüssel in einer Datei abspeichern.

1. Wählen Sie Ihren Schlüssel aus und dann *Datei/Exportieren*.

2. Legen Sie fest, was Sie speichern wollen. Für ein komplettes Schlüsselpaar klicken Sie auf *Geheime Schlüssel exportieren*.

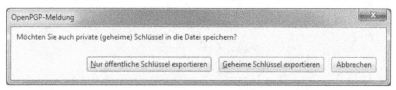

3. Es öffnet sich ein Dateidialog, in dem Sie den Speicherort angeben können. Der Dateiname besteht aus Daten zu Ihrem Schlüssel und dem Suffix .asc.

Die Datei besteht aus lesbaren ASCII[1]-Zeichen, so daß Sie die Datei in einem beliebigen Textprogramm öffnen können. Aus diesem Grund könnten Sie den Inhalt der Datei auch ausdrucken und dann diesen Ausdruck aufheben. Wenn Sie später die Schlüssel wieder rekonstruieren wollen, brauchen Sie nur die Zeichen in einem Textprogramm einzugeben und die Datei im Textformat (*.txt oder *.asc) speichern. Das ist zwar mühsam, aber die Aufbewahrung auf einem Ausdruck ist sehr sicher.

Datei mit fiktivem Schlüsselpaar:
```
-----BEGIN PGP PUBLIC KEY BLOCK-----
Version: GnuPG v2.0.21-beta20 (MingW32)

mQGiBElYxZkRBAC-
ti7Dc3KwQoLRAl0MoSKZv2ciFLCxYaJKtl4TSLOplN9bovEfP
P8bbbABtF5iRKWvMxdpqOf+/7IlCKSSRn74vaxgEIFba6TCne5CZyO3
jrYidBqFV
```

---

[1] https://de.wikipedia.org/wiki/Ascii

```
tIwVtCt6IHLq/LKQ0yNnsChNFYqC+LfzKYa3DylSH9SS8KzLte8biEk
EGBECAAkF
AklYxZkCGw-
wACgkQ2AP4QMqw24BMfgCgjglUzVVdX36dGrHIcq7I/ycMpKkAn3tK
edsWjE5CYslOXtNnfYGQ6VMf
=1Wem
-----END PGP PUBLIC KEY BLOCK-----
-----BEGIN PGP PRIVATE KEY BLOCK-----
Version: GnuPG v2.0.21-beta20 (MingW32)

4/EccmeEFi5LNX4YZUwSeUkFpYcE9IFFsWpm6Dhk3KHPGZlu1VyltIw
VtCt6IHLq
/LKQ0yNnsChNFYqC+LfzKYa3DylSH9SS8KzLte8b/gMDAvNZGgLRpyV
NYN6lf+f9
zJcOkd/FazXWYLntY9Q0UQmwYCXnumwYox8Vm6AsORfKLJCP7QVGNPM
OvFbqEccp
BdqtvMGwg2wyiEkEGBECAAkFAklYxZkCGwwACgkQ2AP4QMqw24BMfgC
fbD1LxZSI
p92rj9xVNMQ8L/P5MkYAni3OhOcLFtra2Bt3lKTtggOeCJ0u
=SmYC
-----END PGP PRIVATE KEY BLOCK-----
```

Achtung: Geben Sie niemals diese Datei an irgendeine andere Person weiter, wenn Sie auch Ihren privaten Schlüssel mitgespeichert haben!

Öffentlichen Schlüssel eines anderen importieren

Ebenso können Sie den öffentlichen Schlüssel eines anderen per E-Mail erhalten und manuell in Ihren Schlüsselbund aufnehmen. Dies geschieht ohne daß dazu die Schlüsselverwaltung geöffnet sein muß.

1. Klicken Sie einfach in der Nachrichtenansicht unten auf den Dateianhang mit der rechten Maustaste und wählen Sie im Kontextmenü *OpenPGP-Schlüssel importieren*. Der Schlüssel wird Ihrem Schlüsselbund hinzugefügt und ein Bestätigungsfenster erscheint.

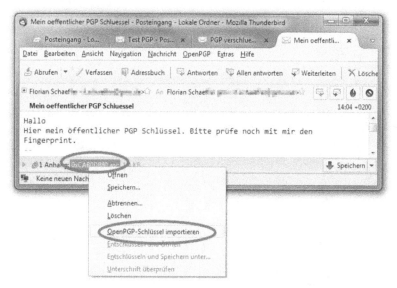

Sollte der öffentliche Schlüssel nicht als Dateianhang mitgeschickt worden sein, sondern als Textblock in die E-Mail eingefügt vorliegen, dann kann Enigmail auch diesen Schlüssel erkennen und abspeichern:

1. Einen eingebetteten öffentlichen Schlüssel erkennen Sie an dem einleitenden Text "BEGIN PGP PUBLIC KEY BLOCK". Je nach Einstellungen kann es auch sein, dass der PGP Block nicht angezeigt wird aber dennoch vorhanden ist. Die (gelbe) Statuszeile informiert Sie darüber, dass die E-Mail einen Schlüssel enthält.

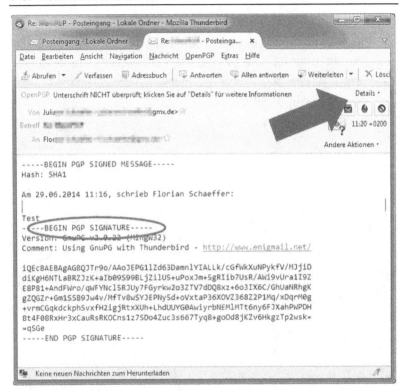

2. Wählen Sie am rechten Rand der Statusinformation *De-tails/Schlüsselimportieren* und bestätigen Sie den nächsten Schritt mit *Importieren*.

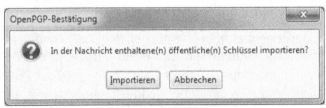

3. Eventuell werden Sie nach einem PGP Server gefragt. Bestätigen Sie die Vorgabe.

4. Im (etwas schwer lesbaren) nächsten Fenster werden Sie darüber informiert, daß der Schlüssel importiert wurde. Damit sind Sie fertig.

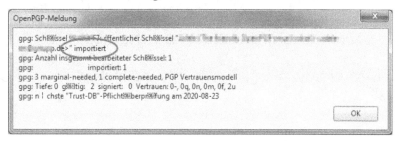

5 PGP in Thunderbird benutzen

Ab sofort können Sie in Thunderbird Nachrichten signieren, verschlüsseln und bei erhaltenen E-Mails die Unterschrift überprüfen (wenn es denn eine gibt) oder einen verschlüsselten Inhalt decodieren.

5.1 Ausgehende E-Mail signieren

Bei der Konfiguration von Enigmail haben Sie eingestellt, daß ausgehende E-Mails automatisch immer signiert werden (vgl. Seite 81 und 93).

1. Erstellen Sie wie gewohnt eine E-Mail. Sie können in einem ersten Test zum Beispiel sich selbst eine schicken.

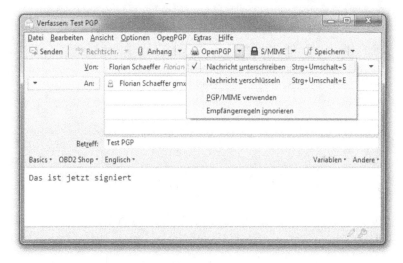

2. Im Menü *OpenPGP* (zweimal vorhanden, es ist egal, welches Sie nutzen) sehen Sie, daß die Funktion *Nachricht unterschreiben* bereits aktiviert ist.

3. Sobald Sie die Nachricht Senden, wird sie signiert und dann wie gewohnt verschickt. Wenn Sie während einer Sitzung mit Thunderbird das erste mal signieren und damit Ihren

privaten Schlüssel benutzen, werden Sie nach dem Paßwort für den Schlüssel gefragt.

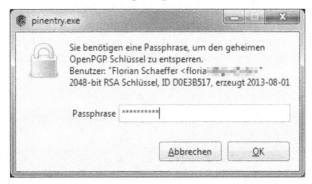

5.2 Signatur einer E-Mail verifizieren

Wenn Sie eine E-Mail erhalten und diese wurde mit PGP signiert, prüft Enigmal/Thunderbird automatisch, ob die Signatur gültig ist und die Nachricht nicht verändert wurde. Dafür ist es notwendig, daß Sie den öffentlichen Schlüssel des Absenders in Ihrem Schlüsselring besitzen. Wenn Sie eine signierte E-Mail bekommen und den öffentlichen Schlüssel des Absenders noch nicht besitzen, wird die Nachricht trotzdem angezeigt und Sie können Sie lesen (grün markiert):

Im oberen Bereich weist PGP sie daraufhin, daß die E-Mail unterschrieben wurde, die Signatur aber nicht überprüft werden konnte, es also nicht sicher gestellt ist, ob die Nachricht echt ist. Für eine Überprüfung müssen Sie sich den öffentlichen Schlüssel besorgen. Sie können sich diesen vom Absender getrennt schicken lassen oder ihn (am einfachsten aber mit einem geringen Sicherheits-/Vertrauensrisiko verbunden) von einem öffentlichen Server herunter laden.

Wenn Sie die bei der Konfigurationsbeschreibung (Seite 92) gezeigten Einträge für die Schlüsselserver getätigt haben, sind die
folgenden Schritte normalerweise nicht notwendig, da PGP automatisch fehlende öffentliche Schlüssel auf den Servern sucht.

1. Klicken Sie oben rechts auf *Details* und wählen Sie den Menüeintrag *Schlüssel importieren*.

2. Bestätigen Sie das Dialogfenster mit *Importieren*.

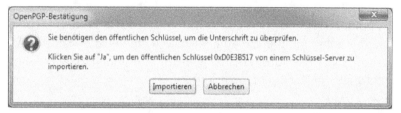

3. Wählen Sie einen Server aus oder tragen Sie einen neuen
   ein. *OK*.

4. Der Schlüssel wird gesucht und ggf. importiert.

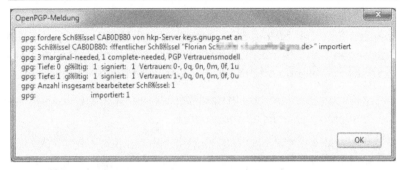

Sobald der öffentliche Schlüssel des Absenders in Ihren Schlüsselring aufgenommen wurde, wird eine signierte E-Mail des Absenders immer automatisch geprüft und Ihnen das Ergebnis oberhalb der Nachricht angezeigt:

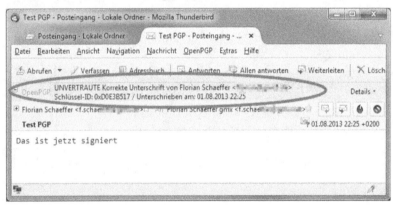

Wenn Thunderbird/Enigmail eine gültige PGP Signatur erkennt (oder eine Nachricht entschlüsseln kann), werden in der Nachrichtenansicht nicht die PGP-Informationen angezeigt, die mit der E-Mail verschickt wurden. Sie könne diese Daten aber sehen, wenn Sie im Menü *OpenPGP* die Option *Automatisch entschlüsseln/überprüfen* ausschalten (und später wieder aktivieren).

Sollte die Unterschrift ungültig sein oder wurde die Nachricht nach der Signierung manipuliert, so wird Ihnen dies ebenfalls angezeigt. In dem Fall wird der gesamte tatsächliche Nachrichteninhalt (inkl. PGP Zusatzinformationen) angezeigt (grün markiert: "t" wurde nachträglich entfernt):

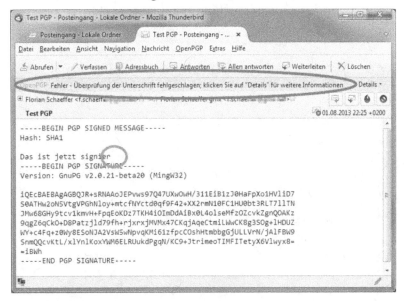

5.3 Nachricht verschlüsseln

Nachdem Sie bereits eine E-Mail signiert haben, ist es recht einfach, auch eine Nachricht zu verschlüsseln. Wenn Sie eine Nachricht verschlüsseln und dieser Dateianhänge hinzufügen (*Attachments*), dann werden diese ebenfalls verschlüsselt. Auch diese kann nur der Empfänger entschlüsseln. Dazu benötigen Sie aber zwingend den öffentlichen Schlüssel des Empfängers. Wenn Sie von demjenigen bereits eine signierte E-Mail erhalten haben und diese erfolgreich verifizieren konnten, befindet sich der Schlüssel bereits in Ihrem Schlüsselbund. Ansonsten können Sie sich den Schlüssel auch zusenden lassen oder Enigmail versucht diesen auf einem öffentlichen Schlüsselserver zu finden.

1. Erstellen Sie wie gewohnt eine E-Mail.

Quis custodiet custodes?

2. Aktivieren Sie vor dem Senden die Option *Nachricht verschlüsseln* im Menü *OpenPGP*. Sie können die Nachricht optional auch noch unterschreiben.

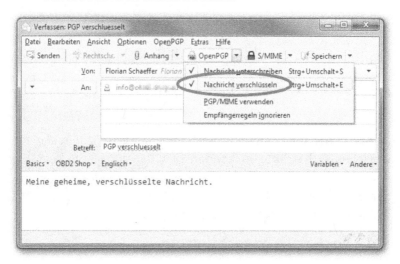

3. Senden Sie die Nachricht. Nur wenn Sie die E-Mail (zusätzlich) signieren, werden Sie nach dem Paßwort für <u>Ihren privaten</u> Schlüssel gefragt.

Hinweis: Nur wenn Sie, wie bei den Einstellungen gezeigt wurde (Seite 88), die Option *Zusätzlich mit eigenem Schlüssel verschlüsseln* aktiviert haben, ist es Ihnen möglich die gesendete Nachricht noch selber (in Ihrem *Postausgang* oder Ordner *Gesendet*) zu lesen. Wenn Sie die Nachricht lesen wollen, werden Sie ggf. aufgefordert, das Paßwort für <u>Ihren privaten</u> Schlüssel einzugeben.

Kann Enigmail anhand des angegebenen Empfängers (E-Mail-Adresse) keinen passenden Schlüssel bei Ihnen finden, erscheint ein Dialogfenster, in dem Sie einen Schlüssel auswählen können oder Sie klicken auf *Fehlende Schlüssel herunterladen* und Enigmail versucht, den notwendigen Schlüssel auf einem Keyserver zu finden.

Wenn Sie bei den Optionen (siehe Seite 88) nicht *Schlüssel immer vertrauen* aktiviert haben, können Sie einen von einem Keyserver importierten Schlüssel erst nutzen, nachdem Sie das Vertrauen in den Schlüssel festgelegt haben (s. S. 101). Bis dahin ist das Auswahlkästchen vor dem Empfänger rot.

5.4 Nachricht entschlüsseln

Wenn eine für Sie verschlüsselte Nachricht bei Ihnen eingeht, dann versucht Enigmail diese automatisch zu entschlüsseln (Menü *OpenPGP/Automatisch entschlüsseln/überprüfen*). Ggf. müssen Sie aber das Paßwort für Ihren privaten Schlüssel eingeben. Wenn der E-Mail Dateianhänge hinzugefügt wurden, dann sind diese ebenfalls verschlüsselt. Sobald Sie die E-Mail (automatisch) entschlüsselt haben, können Sie auch auf die Dateianhänge wie gewohnt zugreifen.

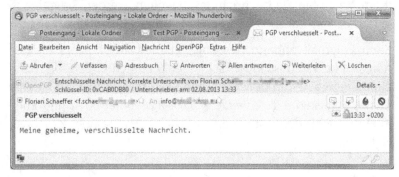

Wie auch schon beim überprüfen einer Unterschrift, können Sie sich den kompletten E-Mailinhalt mit den PGP Infos anzeigen lassen und Sie werden darüber informiert, ob die Unterschrift korrekt ist, wenn eine zusätzlich zur Verschlüsselung vorhanden ist.

5.5 Enigmail Empfängerregeln für mehr Komfort

Solange Sie noch nicht alle Ihre Kommunikationspartner von den Vorteilen von PGP überzeugt haben und nicht jede E-Mail signieren und/oder Unterschreiben wollen, können Sie durch Empfängerregeln sich beim Verfassen von E-Mails das Leben ein wenig erleichtern.

Wie auf Seite 78 bzw. Seite 93 beschrieben, haben Sie eventuell eingestellt, daß automatisch jede ausgehende E-Mail signiert und/oder codiert werden soll. Sie können aber auch einstellen, daß PGP standardmäßig gar nicht für neu erstellte E-Mails genutzt werden soll, wenn Sie wirklich nur einzelnen Empfängern gelegentlich schreiben und nur diese PGP nutzen. Enigmail kann anhand der benutzten E-Mailadresse (und anderen Merkmalen) diese Empfänger erkennen und dann automatisch die E-Mail entsprechend Ihren Wünschen vor dem Versand durch PGP behandeln lassen.

Gehen wir dazu davon aus, daß Sie eingestellt haben, daß standardmäßig weder verschlüsselt noch signiert wird. E-Mails an ganz bestimmte Personen sollen aber verschlüsselt werden. Dazu haben Sie natürlich bereits die öffentlichen Schlüssel dieser Personen in Ihren Schlüsselbund importiert (siehe Seite 106). Am einfachsten ist es, wenn Sie die E-Mailadresse des Empfängers in Ihrem Adreßbuch gespeichert haben, da Sie dann Tippfehler etc. vermeiden. Sie können die Adresse aber auch im weiteren Verlauf von Hand eintippen.

1. Öffnen Sie über *Extras/Adressbuch* Ihre Kontakte.

2. Wählen Sie denjenigen aus, für den Sie eine Regel einstellen wollen.

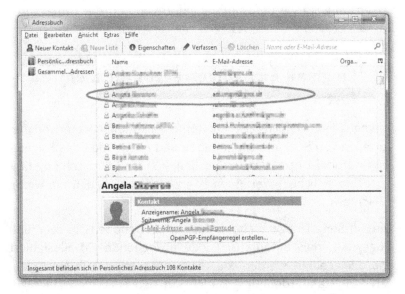

3. Im unteren Bereich werden dessen Kontaktdaten angezeigt. Klicken Sie mit der rechten Maustaste auf die E-Mailadresse und wählen Sie im Kontextmenü den Eintrag *OpenPGP-Empfängerregel* erstellen aus (sieht etwas merkwürdig aus, da der Text nicht wie ein Menüeintrag aussieht).

4. Es öffnet sich das Fenster für die Empfängerregeln. Dies können Sie auch anders öffnen, wenn Sie später die Regeln überarbeiten wollen oder für den Empfänger keinen Adreßbucheintrag haben: Wählen Sie in Thunderbird den Menüeintrag *OpenPGP/Empfängerregeln* und klicken Sie im sich öffnenden Fenster auf *Hinzufügen*.

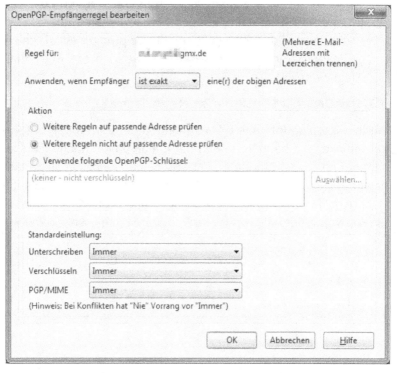

5. Bei *Regel für* steht die Adresse aus dem Adreßbuch. Oder Sie geben hier die E-Mailadresse von Hand ein. Sie können auch (jetzt oder später) weitere Adressen durch ein Leerzeichen eingeben. Auf alle angegebenen Adressen wird dann die nachfolgende Regel angewendet.

6. *Bei Anwenden, wenn Empfänger...* wählen Sie, wann die Regel benutzt werden soll. Die Auswahl *ist exakt* ist erst einmal richtig und bedeutet, daß die Regel immer dann angewen-

det wird, wenn der Empfänger einer neuen E-Mail mit einer der oben angegebenen Adressen übereinstimmt.

7. Bei *Aktion* stellen Sie am besten für den Anfang *Weitere Regeln nicht auf passende Adresse prüfen* ein.

8. Die drei Auswahlmöglichkeiten bei *Standardeinstellung* wählen Sie so, wie Sie es für Richtig erachten. Da die Empfänger ja PGP nutzen, können Sie die E-Mail immer Unterschreiben und Signieren. Wenn die Empfänger ein aktuelles E-Mailprogramm nutzen, dann verwenden Sie PGP/MIME (vgl. Seite 64).

9. Mit OK schließen Sie die Regelerstellung ab.

Wenn Sie in Zukunft eine E-Mail an einen der Empfänger mit Regel schicken, ist beim Verfassen der E-Mail davon noch nichts zu sehen. Erst, wenn Sie die E-Mail abschicken, wird die Regel angewendet. Je nachdem, was Sie dann eingestellt haben, wird die Nachricht dann verschlüsselt und/oder signiert und ggf. müssen Sie wie immer Ihr Paßwort für Ihren privaten Schlüssel eingeben.

6 PGP: weitere Anwendungen und im Web

Andere Programme (wie zum Beispiel Microsoft Outlook) unterstützen die Integration von PGP nicht so gut wie Thunderbird. Bei älteren Outlookversionen konnte mit GpgOL (siehe http://www.gpg4win.org/doc/de/gpg4win-compendium_33.html) noch Abhilfe geschaffen werden. Für Outlook 2013 ist dies erst mit Erscheinen der hier vorgestellten finalen Version 2.2.0 möglich. Auch bieten E-Maildienste, die über eine Webseite benutzt werden keine Signierungs- oder Verschlüsselungsmöglichkeit mit PGP.

6.1 Kleopatra und Outlook konfigurieren

Trotzdem können Sie natürlich Ihre E-Mails (und andere Texte und Dateien) signieren und verschlüsseln. Allerdings ist es ein wenig unkomfortabler. Voraussetzung ist, daß Sie die Vollinstallation von Gpg4Win heruntergeladen und das Programm *Kleopatra* installiert haben. Kleopatra startet automatisch zusammen mit Windows und ermöglicht es unter anderem, Ihre PGP Schlüssel zu verwalten. Zusätzlich nistet es sich in der Schnellstartleiste neben der Uhr (unten rechts auf dem Monitor) ein.

Wenn Sie Kleopatra häufig nutzen, empfiehlt es sich, ggf. dafür zu sorgen, daß das Programmsymbol ständig zu sehen ist und nicht erst, wenn Sie auf den Menüpfeil klicken:

1. Öffnen Sie das Menü mit den derzeit ausgeblendeten Programmsymbolen, in dem Sie auf den kleinen Aufwärtspfeil klicken.

2. Wählen Sie *Anpassen*.

---

3. Wählen Sie neben dem Programmnamen *kleopatra.exe* die
   Einstellung *Symbol und Benachrichtigung anzeigen* aus und
   beenden Sie die Einstellung mit *OK*.

Bei E-Mails sollten Sie auch noch darauf achten, daß Sie die (eigentlich auch nicht E-Mail-Konforme) Funktion zum Schreiben im
HTML-Format ausschalten.

HTML in Outlook bis 2007 ausschalten

1. Wählen Sie den Menüeintrag Extras/Optionen.

2. Wechseln Sie auf die Registerkarte E-Mail-Format.

3. Wählen Sie bei *Nachrichtenformat* den Eintrag *Nur-Text* aus.

4. Beenden Sie die Einstellung mit *OK*.

HTML in Outlook 2013...2013 ausschalten

1. Öffnen Sie den Backstage-Bereich und klicken Sie auf *Optionen*. Oder wählen Sie aus dem Menü in der Schnellstart-Leiste (von Outlook – also ganz oben neben dem Outlook-Symbol) den Eintrag *Weitere Befehle*.

2. Wechseln Sie in die Rubrik *E-Mail*.

3. Wählen Sie bei *Nachricht in diesem Format verfassen* den Eintrag *Nur-Text* aus.

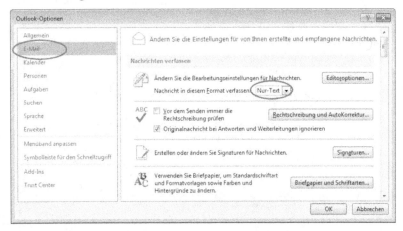

4. Beenden Sie die Einstellungen mit OK.

6.2 Text in beliebiger Anwendung signieren und unterschreiben

1. Um einen Text (beispielsweise eine E-Mail) zu signieren oder zu unterschreiben, schreiben Sie den Text wie gewohnt in dem entsprechenden Programm oder geben ihn auf einer Webseite ein.

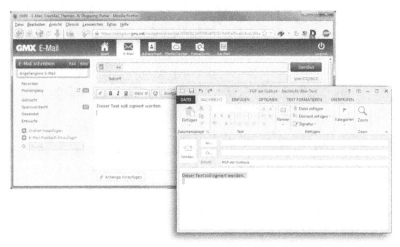

2. Anschließend markieren Sie den gesamten Text (Strg+A) und schneiden ihn in die Zwischenablage (Strg+X) aus.

3. Klicken Sie mit der rechten Maustaste auf das Kleopatra Symbol in der Schnellstartleiste und wählen Sie aus dem aufklappenden Menü den Eintrag *Zwischenablage/Verschlüsseln* bzw. *Zwischenablage/OpenPGP-Signieren*.

4. Sie werden gefragt, welcher PGP Schlüssel fürs signieren benutzt werden soll. Wählen Sie über *Signaturzertifikat ändern* einen aus und/oder bestätigen Sie die Vorgabe mit *Weiter*.

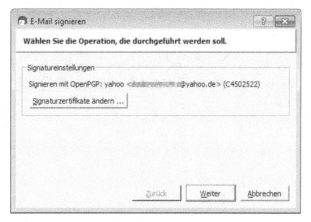

5. Haben Sie sich für die Verschlüsselung entschieden, werden Sie gefragt, an wen die Nachricht gehen soll, also wessen öffentlicher Schlüssel benutzt werden soll. Klicken Sie auf *Empfänger suchen* und wählen Sie einen Empfänger aus. Über die Funktion *Suchen* können Sie auf einem Schlüssel-

server nach einem Schlüssel suchen, wenn Sie die E-Mail-Adresse des Empfängers eingeben.

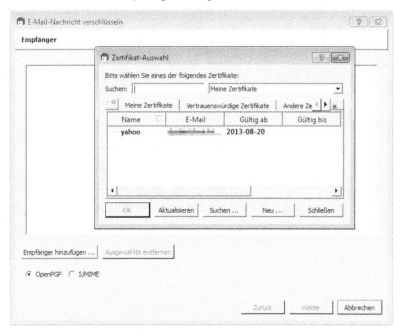

6. Geben Sie das Kennwort für Ihren privaten Schlüssel ein.

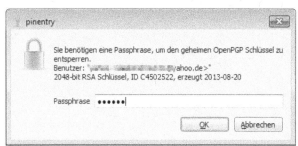

7. Der Text, den Sie in die Zwischenablage kopiert haben, wird nun signiert und wieder in der Zwischenablage abgelegt. Wenn Sie den Statusbericht später nicht mehr sehen wollen, schalten Sie die Option *Fenster geöffnet lassen…* ab.

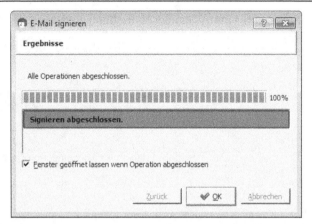

8. Jetzt wechseln Sie wieder in Ihr Textprogramm (oder in den E-Mail-Client oder auch auf die Webseite mit der Texteinga-be).

9. Fügen Sie den Inhalt der Zwischenablage ([Strg]+[V]) ein.

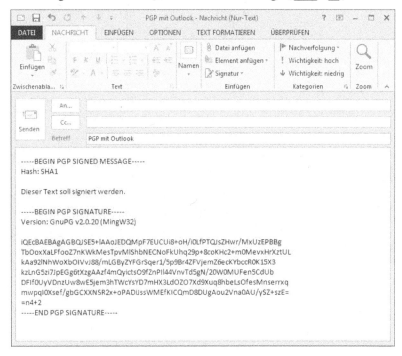

10. Jetzt können Sie die Nachricht wie gewohnt weiterverarbeiten (z. B. Senden).

6.3 Signieren/Verschlüsseln mit Outlook 2010 und 2013

Das Plugin GpgOL wurde bei der Installation von Gpg4win mitinstalliert und ermöglicht so die vereinfachte Nutzung von PGP auch in den neuen Versionen von Outlook – wenn auch nicht so komfortabel wie in Thunderbird. Das Plugin richtet ein neues Menü in Outlook ein: *GpgOL*.

1. Erstellen Sie wie gewohnt Ihre E-Mail. Denken Sie aber bitte daran, diese nicht zu formatieren (HTML/Richtext), sondern wie ab Seite 125 gezeigt, als reinen Text zu erstellen.

2. Öffnen Sie das Ribbon *GpgOL* und klicken Sie auf *Signieren* oder auf *Verschlüsseln*.

3. Sie werden ggf. aufgefordert, ein Zertifikat (Schlüssel) aus-
   zuwählen. Sollten keine Empfänger angezeigt werden (weil
   es keinen öffentlichen Schlüssel passend zur Empfängerad-
   resse gibt), dann klicken Sie auf *Alle Empfänger anzeigen*.

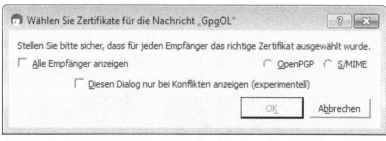

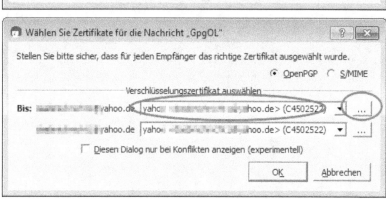

4. Wählen Sie beim Verschlüsseln einen Empfänger aus oder wenn Sie Signieren, wählen Sie Ihr eigenes Zertifikat aus. Gibt es für den Empfänger einen Schlüssel, dann wird das Zertifikat bereits angezeigt. Ist der notwendige Schlüssel nicht vorhanden, können Sie auf die Schaltfläche mit den drei Punkten klicken. Es öffnet sich Kleopatra und im Fenster *Zertifikat-Auswahl* klicken Sie unten auf sie Schaltfläche *Suchen* und *suchen* dann im nächsten Fenster (*Zertifikatssuche auf Zertifikatsserver*) nach der Adresse des Empfängers, um dessen öffentlichen Schlüssel zu *importieren*.

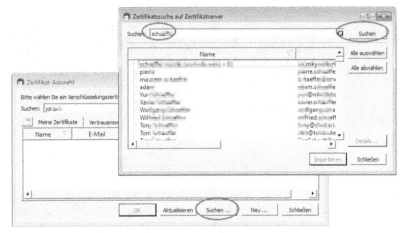

5. Wenn Sie den Empfänger mit *OK* bestätigt haben, wird die Nachricht im Eingabefenster signiert bzw. verschlüsselt. Wenn Sie Ihren privaten Schlüssel benutzen (beim Signieren), werden Sie wie immer nach dem Paßwort hierzu gefragt.

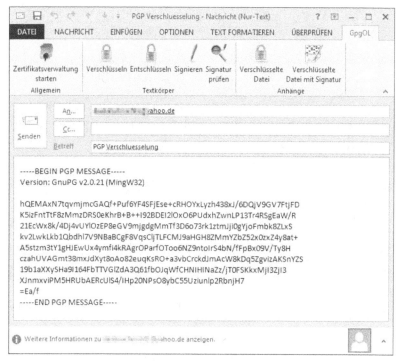

6. Jetzt können Sie die E-Mail absenden.

6.4 Unterschrift prüfen/Entschlüsseln mit Outlook 2010/2013

Wenn Sie eine mit PGP signierte oder verschlüsselte E-Mail erhalten, kann Outlook diese nicht automatisch prüfen oder lesbar darstellen. Sie müssen dies manuell erledigen:

1. Öffnen Sie die E-Mail in einem eigenständigen Fenster, in dem Sie in der Übersicht des Posteingangs doppelt auf den Nachrichtenkopf klicken.

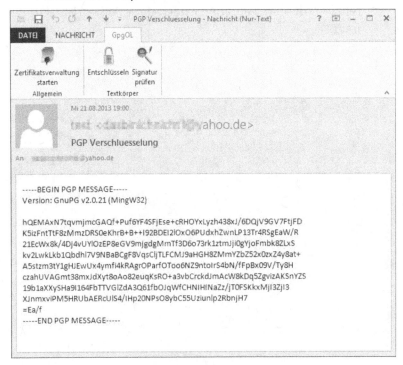

Quis custodiet custodes?

2. Öffnen Sie das Ribbon GpgOL und klicken Sie auf *Entschlüsseln* bzw. auf *Signatur prüfen*. Ggf. müssen Sie noch Ihr Paßwort für Ihren privaten Schlüssel eingeben.

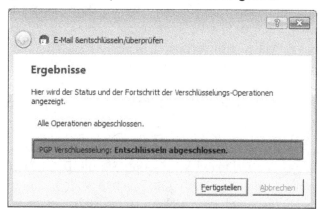

3. Die E-Mail wird entschlüsselt bzw. die Signatur wird geprüft (ggf. müssen Sie den öffentlichen Schlüssel des Absenders hierzu noch Suchen und importieren).

6.5 Dateien mit MD5 oder PGP sichern

So wie Sie E-Mails und Texte mit PGP unterschreiben und verschlüsseln können, geht das auch mit ganzen Dateien. Das ist vor allem dann praktisch, wenn Sie eine Datei irgendwo öffentlich zwischenspeichern wollen, die aber eigentlich nur für eine be-

---

Quis custodiet custodes?

stimmte Person oder einen engen Benutzerkreis bestimmt ist. Sehr beliebt sind Cloud Speicherdienste (siehe Seite 299). Diese bieten große Speicherkapazitäten, auf denen jeder Dateien ablegen kann, die dann von anderen dort abgeholt werden können. So können auch Dateien ausgetauscht werden, die für den Versand per E-Mail zu groß sind (i. d. R. so ab ca. 5 MB). Eine unverschlüsselte Datei kann (und wird[1]) aber von jedem eingesehen werden, der sie in die Finger bekommt. Eine (gut) verschlüsselte Datei ist hingegen nur für denjenigen nutzbar, der den Schlüssel besitzt.

Eine weitere Möglichkeit besteht darin, Dateien lediglich zu signieren. Das kann sinnvoll sein, wenn Sie die Datei zwar (mehr oder weniger) öffentlich verfügbar machen wollen, aber den Nutzern die Möglichkeit bieten wollen, zu prüfen, ob es sich tatsächlich um die Originaldatei von Ihnen handelt. Es wäre ja vorstellbar, daß die Datei auf ihrem Weg zum Anwender durch mehrere Hände ging (oder eben im Web zugänglich ist) und dann dabei von einem bösen Dritten manipuliert wurde. Die Manipulation kann unterschiedlich sein: Vielleicht wird die Aussage einer Studie verfälscht oder Geschäftszahlen manipuliert oder eine Anwendung führt Schadcode aus – es gibt viele vorstellbare Szenarien. Wurde die Datei signiert, kann jeder sie benutzen und wer will, kann vorher überprüfen, ob es sich um die echte Datei von Ihnen handelt.

MD5 Hashwerte

Eine sehr verbreitete Möglichkeit Dateien auf Echtheit zu prüfen, ist das erstellen eines MD5[2] (Message-Digest Algorithm 5) Hashwertes. Mit einem zusätzlichen Programm wird eine Zeichenkette aus 128 Bit generiert, die nur zu dieser einen Datei paßt. Diese

---

[1] https://www.test.de/Daten-in-der-Cloud-Online-Speicherdienste-im-Test-4579657-0/
[2] https://de.wikipedia.org/wiki/Message-Digest_Algorithm_5

Quis custodiet custodes?

Prüfsumme wird dann zusammen mit der unveränderten Datei veröffentlicht oder weitergegeben. Der Empfänger kann die Datei wie gewohnt nutzen und wenn er will, vorher mit einem Programm prüfen, ob Hashwert und Datei zusammen gehören. Wird die Prüfsumme auf getrenntem, sicherem Weg ausgetauscht, stellt das ein brauchbares Verfahren dar. Anders sieht es aus, wenn die Prüfsumme an der gleichen Stelle angeboten wird, wie die eigentliche Datei. Jemand, der die Datei manipuliert, kann vermutlich auch einfach eine neue Prüfsumme generieren und die Originale austauschen. Die Prüfsumme besagt nur, ob sie zu einer bestimmten Datei paßt (und zum Beispiel beim Download keine Fehler auftraten). Sie sagt nichts über denjenigen aus, der sie erstellt hat und läßt somit keine Rückschlüsse auf die Quelle der Datei aus.

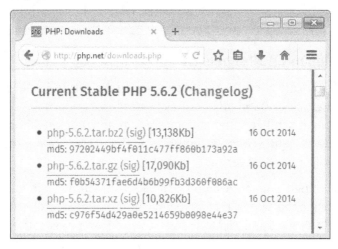

Typische Downloadseite mit Dateien und dazu gehörenden MD5 Hashwerten

Es gibt zahlreiche Programme, die Hashwerte zu einer Datei berechnen können. Die Programme berechnen einfach zu einer Datei die Prüfsumme und zeigen sie an. Sie können dann die Prüfsumme entweder nutzen, um sie zusammen mit der Datei zu veröffentlichen oder Sie vergleichen die Prüfsumme mit dem Hashwert, der vom Anbieter einer Datei angegeben wurde.

Das kostenlose Programm WinMD5Free[1] erledigt dies beispielsweise und benötigt dafür keine Installation:

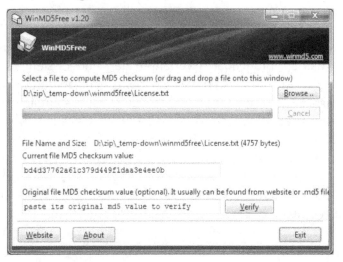

Dateien mit PGP signieren

Im Gegensatz zur MD5 Methode, können Sie mit PGP die Unversehrtheit einer Datei nicht nur sicherstellen, sondern Sie können den Inhalt schützen und zudem die Authentizität gewährleisten. Das setzt natürlich beim Empfänger der Datei voraus, daß er ebenfalls über PGP verfügt.

Beim reinen Signieren bietet PGP aber im Grunde die gleichen Möglichkeiten wie MD5: Es wird für eine andere Datei sichergestellt, daß die Datei nicht verändert wurde. Im Gegensatz zu MD5 wird aber gleichzeitig auch noch die Quelle garantiert, denn derjenige, der die Ausgangsdatei signiert, tut dies mit seinem privaten Schlüssel. Dazu wird eine neue Datei erstellt, die ausschließlich diese Signatur enthält. Da es sich dabei um eine mit PGP unterschriebene Datei handelt, kann sie nicht unbemerkt verändert und auch nicht von einem Dritten nachträglich erzeugt wer-

---

[1] http://www.winmd5.com/

den, da er dafür den geheimen privaten Schlüssel des ursprünglichen Unterschreibers benötigen würde. Die eigentliche Datei wird dabei nicht weiter verändert. So kann jeder die Datei wie gewohnt nutzen (und sie könnte auch manipuliert werden). Will jemand sicherstellen, daß es sich um die ursprüngliche Datei handelt, kann er dies mit Hilfe der zusätzlichen Signaturdatei erledigen.

Name	Typ
textdokument.txt	Textdokument
textdokument.txt.asc	ASC-Datei
textdokument.txt.sig	SIG-Datei

Die reine Signaturdatei kann als Binär- oder ASCII-Textdatei erzeugt werden. Für die Sicherheit und die eigentliche Verwendung ist dies unbedeutend. Lediglich, wenn Sie die Signatur nicht als Datei, sondern beispielsweise als Text (per Fax oder Brief) weitergeben wollen, ist es wichtig, daß Sie eine ASCII Datei erstellen, da diese dann ausschließlich druckbare Zeichen enthält.

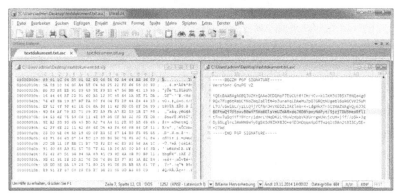

Signatur als Binärdatei (links) und ASCII Text (rechts)

Wenn Sie mehrere zusammengehörende Dateien verteilen wollen, dann ist es ratsam, diese zuvor mit einem Programm wie

WinZIP[1] oder 7Zip[2] zu einer einzigen Archivdatei zusammenzufassen. Mit PGP signieren Sie dann dieses Archiv und stellen damit auch sicher, daß Manipulationen an den enthaltenen Dateien
ausgeschlossen werden können.

Wenn Sie PGP und Kleopatra installiert haben (siehe Seite 74),
dann wurde im Explorer auch die Erweiterung für die Dateiopera-
tionen integriert.

1. In dem Fall öffnen Sie den Explorer und wechseln Sie in das
   Verzeichnis, in dem sich die zu signierende Datei befindet.

2. Klicken Sie mit der rechten Maustaste auf die Datei und
   wählen Sie *Signieren und Verschlüsseln* aus dem Kontextmenü.

---

[1] http://www.winzip.de/
[2] http://www.7-zip.de/

3. Aktivieren Sie die Option Signieren.

4. Wenn Sie anstatt der Binärdatei eine ASCII Datei mit der Signatur wünschen, aktivieren Sie die Option *Ausgabe als Text*.

5. Klicken Sie auf *Weiter*.

6. Wählen Sie, mit welchem Verfahren Sie signieren wollen. Da hier nur mit PGP signiert werden soll, wird die Option *Signieren mit S/MIME* abgewählt.

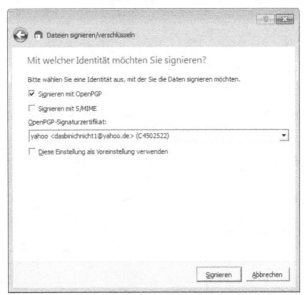

7. Wählen Sie bei *OpenPGP-Signaturzertifikat* die Identität, mit dessen privatem Schlüssel Sie signieren wollen.

8. Möchten Sie die getroffenen Einstellungen später als Voreinstellung benutzen, können Sie die entsprechende Option aktivieren. Auf die Signatur hat das keinen Einfluß.

9. Mit Klick auf *Signieren* geht es weiter.

10. Da Sie Ihren privaten Schlüssel benutzen wollen, müssen Sie die zugehörige Paßphrase eingeben.

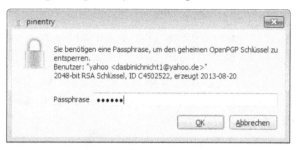

11. Das war's. Im gleichen Ordner, in dem auch die Ausgangs-datei gespeichert ist, wurde auch die Datei mit der Signatur angelegt (*.asc oder *.sig). *Fertigstellen.*

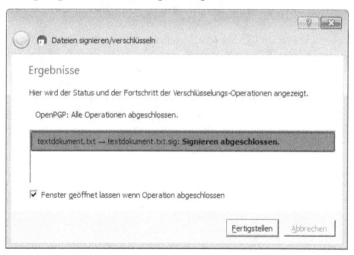

Jetzt können Sie beide Dateien veröffentlichen oder weiterge-ben. Wer kein PGP hat, kann die Originaldatei ganz normal nut-zen. Wer die Echtheit prüfen will, kann dies folgendermaßen er-ledigen. Am einfachsten wird es, wenn die zu prüfende Datei und die Signaturdatei im gleichen Ordner liegen und bis auf den Da-teisuffix gleich heißen.

1. Auf jeden Fall wird der öffentliche Schlüssel desjenigen be-nötigt, der die Signatur erstellt hat. Anders als beim E-Mail

lesen, werden Sie nicht aufgefordert ggf. fehlende Schlüssel zu importieren. Sie müssen also vorher den Schlüssel bereits importiert haben (siehe Seite 106).

2. Öffnen Sie den Explorer und wechseln Sie zum Verzeichnis mit den Dateien.

3. Klicken Sie mit der rechten Maustaste auf die Signaturdatei (*.asc oder *.sig) und wählen Sie aus dem Kontextmenü *Entschlüsseln und prüfen*.

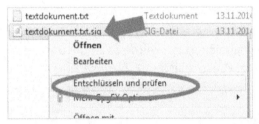

4. Weil die Dateien gleich heißen, müssen Sie nichts weiter einstellen. Ansonsten könnten Sie in dem Fenster wählen, wie die signierte Ausgangsdatei heißt und wo sie gespeichert ist, in dem Sie auf das Symbol für Datei öffnen klicken.

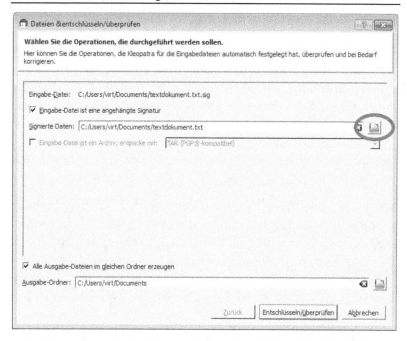

5. Sie müssen lediglich noch auf *Entschlüsseln/überprüfen* klicken, um das Ergebnis angezeigt zu bekommen:

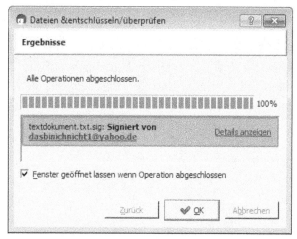

Dateien mit PGP verschlüsseln

Das Verschlüsseln von Dateien läuft im Grunde analog zum Signieren ab. Allerdings wird dabei eine neue Datei erstellt, in der die Ausgangsdatei dann als verschlüsselte Zeichenfolge abgelegt wird und es wird keine zweite Datei mit der Signatur erzeugt (es sei denn, eine zusätzliche Signatur wird extra generiert). Wenn Sie mehrere zusammengehörende Dateien verschlüsselt weitergeben wollen, dann archivieren Sie diese am einfachsten wieder zuvor mit einem Dateipacker.

Wie immer beim Verschlüsseln, kann natürlich nur derjenige die ursprüngliche Datei mit seinem privaten Schlüssel wieder herstellen, mit dessen öffentlichem Schlüssel verschlüsselt wurde. Das bedeutet, beim verschlüsseln muß der öffentliche Schlüssel des Empfängers im eigenen Schlüsselring bereits vorhanden sein und es muß ein (oder mehrere Empfänger) explizit ausgewählt werden. Kennen Sie die Empfänger nicht, dann funktioniert eine Verschlüsselung mit PGP nicht. Sie können dann beispielsweise auf eine Alternative mit 7Zip zurückgreifen, wie es ab Seite 299 gezeigt wird.

1. Öffnen Sie den Explorer und wechseln Sie in das Verzeichnis, in dem die zu verschlüsselnde Datei gespeichert ist.

2. Klicken Sie mit der rechten Maustaste auf die Datei und wählen Sie *Signieren und Verschlüsseln* aus dem Kontextmenü.

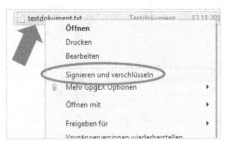

3. Aktivieren Sie die Option *Verschlüsseln*.

4. Wollen Sie die Datei nicht in digitaler Form weitergeben, dann kann aus jeder beliebigen Datei eine verschlüsselte ASCII Textdatei erzeugt werden. Das ist allerdings kaum praktikabel, da diese aus extrem vielen Buchstaben bestehen werden. Um dies zu erreichen, aktivieren Sie *Textausgabe als Text*.

5. Nach dem Verschlüsseln, kann die Ausgangsdatei gleich gelöscht werden (Option *Unverschlüsseltes Original anschließend löschen*). Dann existiert aber nur noch die verschlüsselte Datei. Beachten Sie, daß Sie auch selber die Datei nur entschlüsseln können, wenn Sie auch Ihre eigene Identität zusätzlich bei den Empfängern im nächsten Schritt auswählen.

6. Weiter.

7. Wählen Sie aus, wer die Datei alles entschlüsseln darf. Es wird eine einzige Datei erzeugt, die von mehreren Identitä-

ten mit ihrem jeweiligen privaten Schlüssel entschlüsselt werden kann. Dazu müssen Sie deren öffentlichen Schlüssel im oberen Bereich markieren und mit *Hinzufügen* in die untere Liste übernehmen.

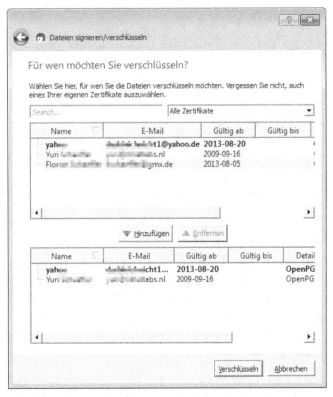

8. Klicken Sie auf Verschlüsseln, wenn Sie fertig sind, um die verschlüsselte Datei zu erzeugen. Da Sie die öffentlichen Schlüssel der Empfänger benutzen, werden Sie nach keine Paßphrase gefragt. Haben Sie sich nicht selber in die Liste der Berechtigten gesetzt, dann werden Sie darauf hingewiesen.

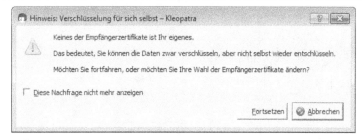

9. Die Verschlüsselung ist abgeschlossen und eine neue Datei mit dem Suffix *.gpg (bzw. *.asc für ASCII Dateien) wurde angelegt. Diese Datei können Sie nun weitergeben.

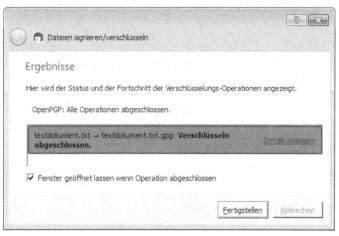

Um eine verschlüsselte Datei wieder in die Ausgangsform zu wandeln, sind nur wenige Schritte erforderlich:

1. Öffnen Sie den Explorer und wechseln Sie in das Verzeichnis, in dem die Datei (*.asc, *.gpg oder auch *.pgp) gespeichert ist.

2. Klicken Sie mit der rechten Maustaste auf die Datei und wählen Sie *Entschlüsseln und prüfen* aus dem Kontextmenü.

3. Sie brauchen eigentlich keine weiteren Einstellungen vornehmen und können einfach auf *Entschlüsseln/überprüfen* klicken.

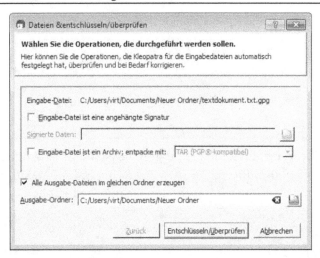

4. Sie werden aufgefordert, Ihre Passphrase für Ihren privaten Schlüssel einzugeben.

5. Anschließend wird die Datei entschlüsselt und gespeichert, wenn sie ein legitimer Empfänger sind und die Datei nicht verändert wurde.

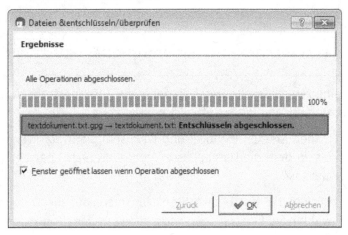

7 PGP unter Android

Auch auf dem Smartphone läßt sich PGP nutzen. Allerdings steckt die Entwicklung noch mehr oder weniger in den Kinderschuhen und ist wenig komfortabel. Einzig von Samsung gibt es bei neueren Geräten inzwischen eine systemeigene E-Mail-App, die PGP bereits integriert hat und sich komfortabel nutzen läßt. Die einzige bisher universell nutzbare und kostenlose Lösung erfordert zwei Apps: APG (Android Privacy Guard) stellt die PGP Funktionalität zur Verfügung und mit einer E-Mail-App die APG unterstützt, werden die E-Mails dann bearbeitet.

Es gibt mehrere E-Mail-Apps, die APG einbinden können. Exemplarisch wird hier die freie Version K-@ Mail benutzt. Zuerst muß APG installiert werden und erst dann APG. Andernfalls erkennt die E-Mail-App nicht automatisch APG.

Die beiden Apps können Sie in Google Play Store über die QR-Codes downloaden:

APG	K @ Mail
https://play.google.com/store/apps/details?id=org.thialfihar.android.apg	https://play.google.com/store/apps/details?id=com.onegravity.k10.free&hl=de

7.1 AGP installieren und einrichten

Voraussetzung ist, daß Sie bereits ein PGP Schlüsselpaar für sich selber generiert haben (siehe Seite 78) und sich mit der Schlüsselverwaltung auskennen.

1. Speichern Sie in der Schlüsselverwaltung Ihren öffentlichen und privaten Schlüssel ab. Öffnen Sie dazu bspw. in Firefox *OpenPGP/Schlüssel verwalten*.

2. Wählen Sie dann Ihren eigenen Schlüssel aus und rufen Sie den Menüpunkt *Datei/Exportieren*.

3. Wählen Sie die Schaltfläche *Geheime Schlüssel exportieren*.

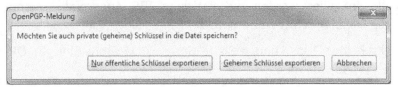

4. Wählen Sie einen Speicherort und einen Dateinamen für die Schlüsseldatei (*.asc*).

5. Beenden Sie die Schlüsselverwaltung.

6. Kopieren Sie die Schlüsseldatei auf Ihr Smartphone. Je nach installierter Software funktioniert das unterschiedlich. Ggf. können Sie ihr Smartphone einfach per USB mit dem PC verbinden und dann vom Explorer aus darauf zugreifen. Kopieren Sie die Schlüsseldatei an eine beliebige Stelle (z. B. auf die Speicherkarte).

Quis custodiet custodes?

7. Downloaden und Installieren Sie APG.

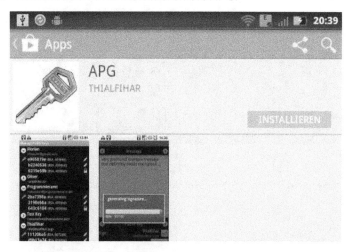

8. Starten Sie APG.

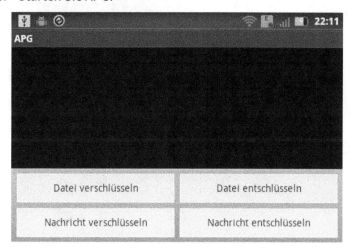

9. Öffnen Sie das Menü.

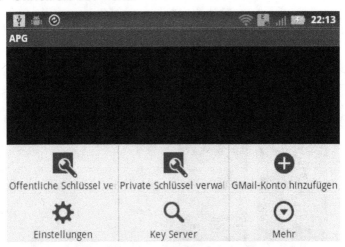

10. Tippen Sie auf *Öffentliche Schlüssel verwalten*.

11. Tippen Sie auf Schlüssel importieren.

12. Tippen Sie auf das Dateiordnersymbol neben dem Eingabe-
feld. Je nach dem, welche Apps Sie installiert haben, wird
Ihnen eine Auswahl an Dateiexplorern angezeigt. Wählen
Sie einen aus (im weiteren wird die optionale App *Dateimanager* verwendet).

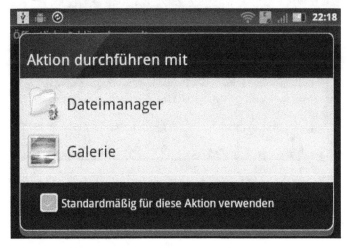

13. Begeben Sie sich im Dateimanager an den Speicherplatz, an den Sie die Schlüsseldatei kopiert haben.

14. Tippen Sie die Datei an. Sie gelangen zurück zur Ansicht *Schlüssel importieren*.

15. Tippen Sie auf OK.

16. Der Schlüssel wird importiert und dann angezeigt. Der Vorgang kann einen kurzen Moment dauern.

17. Gehen Sie einen Schritt zurück (Zurück-Taste).

18. Öffnen Sie wieder das Menü.

19. Wählen Sie die Funktion *Private Schlüssel verwalten*.

20. Wählen Sie wie in den vorherigen Schritten wieder die auf das Smartphone kopierte Schlüsseldatei, um den privaten Schlüssel auch noch zu importieren.

Auf die gleiche Art importieren Sie weitere öffentliche Schlüssel Ihrer Kommunikationspartner, wenn Sie deren Schlüssel bereits auf dem PC gespeichert haben. Sie können in APG aber auch öffentliche Schlüssel später über einen Schlüsselserver suchen und importieren.

7.2 K-@ Mail installieren und einrichten

Nachdem AGP installiert wurde, benötigen Sie noch eine E-Mail-App. K-@ Mail ist zwar schon recht komfortabel beim Einbinden von PGP, unterstützt aber nur PGP/INLINE und keine PGP/MIME (vgl. Seite 64).

1. Downloaden und Installieren Sie APG.

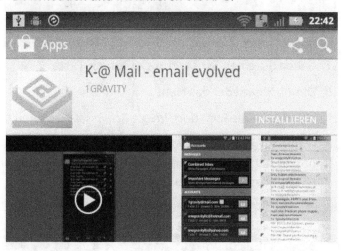

Quis custodiet custodes?

2. Starten Sie K-@ Mail.

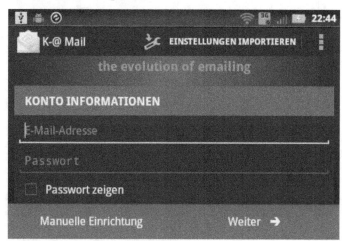

3. Zuerst müssen Sie Ihr E-Mail-Konto einrichten. Tragen Sie dazu Ihre E-Mail-Adresse und Ihr Paßwort ein.

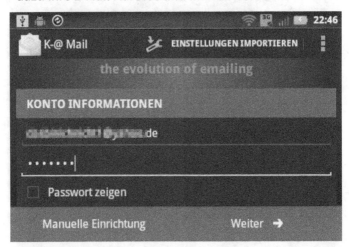

4. Tippen Sie auf *Weiter*. Daraufhin werden die Einstellungen überprüft. Wenn es einen Fehler gibt, können Sie die Daten korrigieren oder manuell Werte vorgeben.

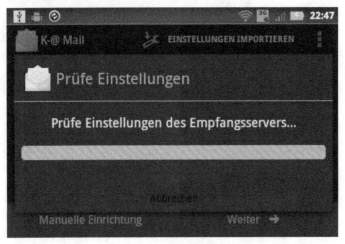

5. Im nächsten Schritt geben Sie Ihren vollständigen *Namen* (ohne Umlaute und Sonderzeichen etc.) an. Dieser Name wird den Empfängern Ihrer E-Mails angezeigt werden.

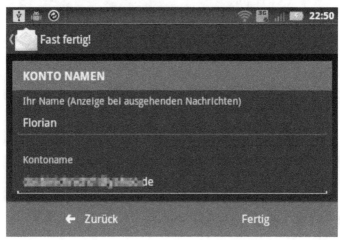

6. Der Kontoname sollte Ihrer E-Mail-Adresse entsprechen. Wenn nicht, korrigieren Sie die Angabe. Tippen Sie auf *Fertig*.

7. Wieder werden die Angaben geprüft.

8. Nun wird die Hauptansicht angezeigt.

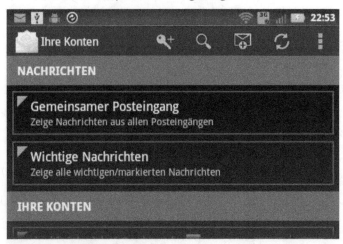

7.3 K-@ Mail nutzen

In K-@ Mail können Sie nun wie gewohnt Ihre Nachrichten lesen, bearbeiten und schreiben.

E-Mail schreiben

1. Um eine neue E-Mail zu erstellen, tippen Sie oben rechts auf das E-Mail-Symbol.

2. Geben Sie dann die üblichen Daten wie Empfänger, Betreff und Nachrichtentext ein.

3. Öffnen Sie das Menü (Taste oder rechts oben auf das Symbol). Dort können Sie dann die Funktionen *Signieren* und/oder *Verschlüsseln* aktivieren. Die Verschlüsselung wird durch ein Schloßsymbol neben dem Empfänger symbolisiert. Beim Signieren, erscheint ein Siegelsymbol.

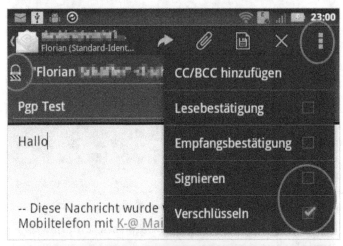

4. Tippen Sie auf das Symbol zum Senden.

5. Wenn Sie Verschlüsseln gewählt haben und der Empfänger einem importierten Schlüssel zugeordnet werden kann, wird dies angezeigt.

6. Nach *OK* wird die Nachricht verschlüsselt/signiert und abgeschickt.

E-Mails erhalten

Bekommen Sie eine signierte/verschlüsselte E-Mail, dann wird Ihnen dies angezeigt, sobald Sie die Nachricht lesen.

1. Tippen Sie auf *Verifizieren*, um eine Unterschrift zu prüfen bzw. auf *Entschlüsseln*, um die Nachricht zu decodieren.

2. Geben Sie das Paßwort für Ihren privaten Schlüssel ein, wenn die Nachricht entschlüsselt werden soll.

3. Die Entschlüsselung kann einen Moment dauern.

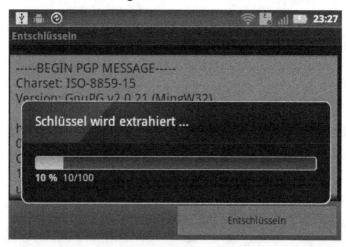

4. Anschließend wird Ihnen der Nachrichteninhalt angezeigt.

8 S/MIME

Für S/MIME benötigen Sie ein X.509 Zertifikat, welches Sie nur bedingt selbst erzeugen können. In der Regel wird ein Zertifikat bei einer Zertifizierungsstelle beantragt. Mit dem Zertifikat können Sie dann Ihre E-Mails (ausschließlich) verschlüsseln und/oder signieren.

8.1 Kostenloses X.509 Zertifikat beantragen und nutzen

Es gibt verschiedene Dienstleister, die kostenlose X.509-Zertifikate zur Verfügung stellen. Alle Zertifikate sind nur ein Jahr lang gültig. Danach läuft es automatisch ab und Sie müssen ein neues (kostenloses) Zertifikat (bei diesem oder einem anderen Aussteller) beantragen. Eine Auswahl möglicher Zertifizierungsstellen wird in der Wikipedia aufgelistet[1]. Für die folgenden Ausführungen wird der Anbieter Comodo[2] verwendet, da bei diesem das Verfahren recht einfach ist.

---

[1] https://de.wikipedia.org/wiki/S/MIME#Kostenfreier_Zugang
[2] https://secure.comodo.com/products/frontpage?area=SecureE-MailCertificate

---

Quis custodiet custodes?

1. Beantragen Sie ein kostenloses Zertifikat. Tragen Sie Ihre korrekten Daten ein. Der Name darf keine Sonderzeichen (Umlaute etc.) enthalten. Wählen Sie bei *Private Key Options* ggf. den Eintrag *Hochgradig* aus, um einen 2048 Bit langes Zertifikat zu bekommen. Wenn Sie keinen Newsletter wünschen, wählen Sie die Option bei *Commodo Newsletter* ab.

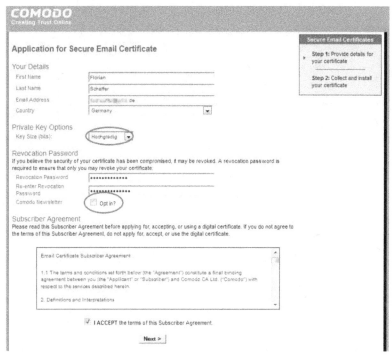

2. Nach einigen Minuten bekommen Sie eine E-Mail mit den notwendigen weiteren Schritten und Weblinks. Die E-Mail wird von Ihrem Mailclient eventuell aber als Spam aussortiert – schauen Sie deshalb auch in den entsprechenden Ordner.

3. In der E-Mail klicken Sie auf den Link beim ersten Schritt bzw. auf "Click & Install Comodo E-Mail Certificate". Auf der sich öffnenden Webseite tragen Sie wieder Ihre E-Mail-Adresse ein und zusätzlich das in der E-Mail angegebene *Collection Password* wenn Sie den Textlink angeklickt haben. Haben Sie auf "Click & Install Comodo E-Mail Certificate" geklickt, sollten diese Angaben nicht notwendig sein.

4. Ihr Browser sollte nun automatisch das generierte Zertifikat installieren. Ggf. werden Sie gefragt, ob Sie den Zertifizierungsvorgang ausführen wollen, was Sie mit *Ja* bestätigen.

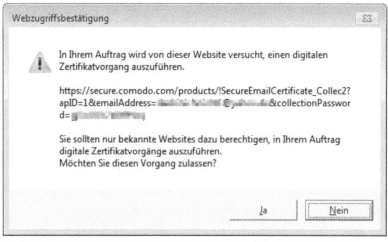

5. Damit ist der Zertifizierungs- und Installationsprozeß abgeschlossen. Es ist ratsam, daß Zertifikat zusätzlich als Datei zu speichern und als Backup separat zu verwahren, damit Sie das Zertifikat auch bei einem Browserwechsel etc. wieder installieren können. Außerdem müssen Sie das Zertifikat noch in Ihrem E-Mail Programm installieren, denn bisher ist es nur im Browser verfügbar.

Zertifikat in Firefox speichern

1. Wählen Sie in Firefox *Extras/Einstellungen*, wechseln in die Rubrik *Erweitert* und auf die Registerkarte *Zertifikate*. Klicken Sie dann auf *Zertifikate anzeigen* und wechseln Sie auf den Reiter *Ihre Zertifikate*.

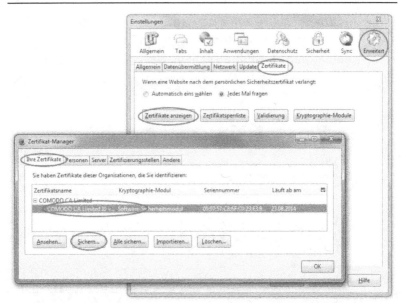

2. Klicken Sie auf das Zertifikat von Comodo und dann auf Sichern. Geben Sie einen Dateinamen und Speicherort für die Datei (*.p12) an.

3. Sie werden aufgefordert, ein Paßwort für die Datei anzugeben. Dieses Paßwort dient dazu, daß Sie die Datei später wieder öffnen können.

Zertifikat in Thunderbird importieren

Nach dem Sie das Zertifikat als Sicherheitskopie gespeichert haben, können Sie es im E-Mail Programm Thunderbird importieren.

1. Rufen Sie in Thunderbird *Extras/Einstellungen* auf und wechseln Sie in die Rubrik *Erweitert* und dort dann auf die Registerkarte *Zertifikate*. Klicken Sie auf die Schaltfläche *Zertifikate*.

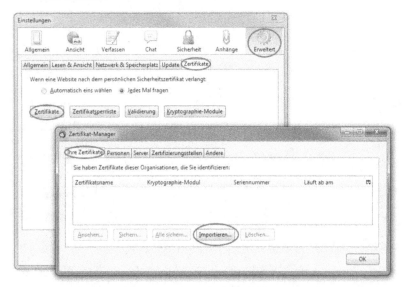

2. Klicken Sie auf Importieren und wählen Sie die Datei mit Ihrem Zertifikat aus. Sie werden aufgefordert, daß Paßwort einzugeben, welches Sie beim Speichern festgelegt haben.

3. Anschließend ist das Zertifikat auch in Thunderbird installiert.

Zertifikat im Internet Explorer speichern

1. Rufen Sie *Extras/Internetoptionen* auf und wechseln Sie auf die Registerkarte *Inhalte*, wo Sie auf *Zertifikate* klicken.

---

2. Auf der Registerkarte *Eigene Zertifikate* können Sie Ihr Zertifikat auswählen und mit *Exportieren* speichern.

Quis custodiet custodes?

3. Klicken Sie im ersten Schritt des Assistenten auf *Weiter* und wählen Sie dann die Option *Ja* aus, damit auch der private Schlüssel exportiert wird.

4. Wählen Sie im nächsten Schritt die Option *Privater Informationsaustausch* und *Alle erweiterten Eigenschaften exportieren* aus.

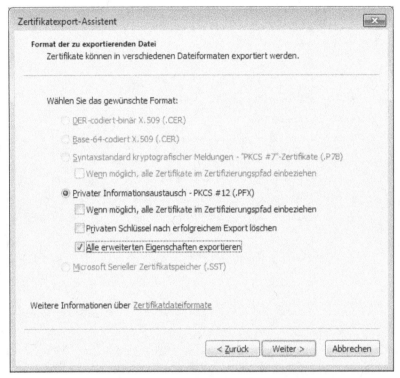

5. Im nächsten Schritt vergeben Sie ein Kennwort, mit dem Sie die Exportdatei vor unbefugtem Zugriff schützen.

6. Anschließend können Sie einen *Dateinamen* und einen Dateipfad (*Durchsuchen*) angeben.

7. Klicken Sie abschließend auf *Fertig stellen*.

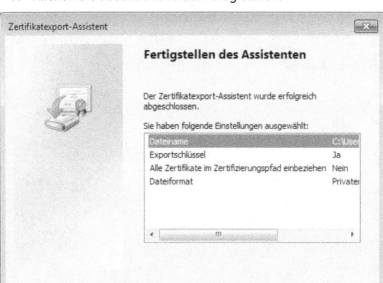

8. Sie können nun alle Dialogfenster schließen.

Vertrauen ins Zertifikat

Wie auch bei PGP (vgl. Seite 101) ist es bei S/MIME für gehobene Sicherheitsanforderungen notwendig, ein installiertes Zertifikat eines Kommunikationspartners zu prüfen und diesem Ihr Vertrauen auszusprechen wenn alles in Ordnung ist. Dies wird hier aber nicht weiter ausgeführt, da es für die Nutzung erst einmal nicht relevant ist.

8.2 Thunderbird

S/MIME Zertifikat mit Konto verknüpfen

Damit Thunderbird weiß, zu welchem E-Mailkonto das importierte Zertifikat gehört, müssen Sie dies noch einstellen.

1. Rufen Sie *Extras/Konto-Einstellungen* auf.

2. Öffnen Sie die Details für das gewünschte Konto (eventuell nutzen Sie nur eins) durch anklicken des kleinen Dreiecks neben dem Namen und wechseln Sie in die Rubrik *S/MIME-Sicherheit*.

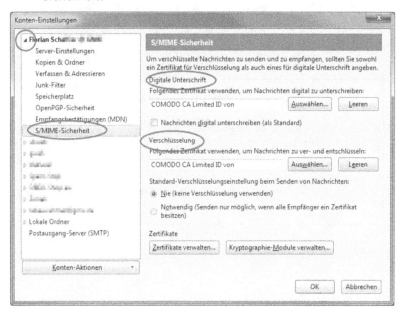

3. Klicken Sie bei *Digitale Unterschrift* auf *Auswählen* und wählen Sie im nächsten Fenster das passende Zertifikat aus (vermutlich haben Sie nur eins importiert und zur Auswahl – ansonsten benutzen Sie das Zertifikat passend zur E-Mailadresse). *OK.*

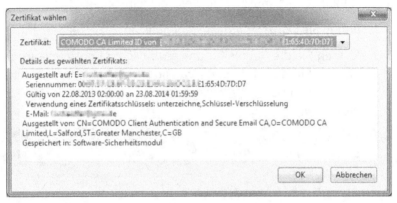

4. Wiederholen Sie den Vorgang für *Verschlüsselung*.

5. Wählen Sie, ob beim Senden von Nachrichten standardmäßig verschlüsselt werden soll oder nicht (*Nie*). Vermutlich ist *Nie* die richtige Wahl, da nicht alle Ihre Empfänger S/MIME nutzen werden. *OK.*

Nutzung von S/MIME

S/MIME läßt sich in Thunderbird relativ einfach nutzen, nach dem man sein eigenes Zertifikat wie beschrieben installiert hat. Eingehende Nachrichten werden automatisch markiert, wenn diese unterschrieben oder verschlüsselt wurden. Ein Briefumschlag markiert eine unterschriebene und/oder ein Schloß eine verschlüsselte Nachricht.

Wenn Sie auf eins der Symbole klicken, können Sie weitere Informationen zum Zertifikat einsehen:

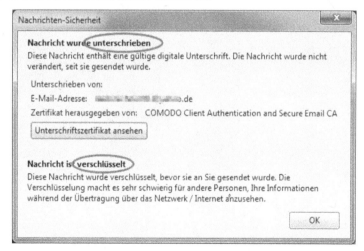

Außerdem importiert Thunderbird automatisch den öffentlichen Schlüssel des Absenders aus der Nachricht (bzw. dem nicht dargestellten Dateianhang) und bindet ihn in Ihre Zertifikatsammlung ein. Es ist also nicht notwendig, die Zertifikate mit Ihren Kommunikationspartnern separat auszutauschen. Es genügt, wenn Sie eine E-Mail mit S/MIME signieren und verschicken und Ihre Kommunikationspartner ebenfalls eine signierte Nachricht an Sie schicken.

Wenn Sie überprüfen wollen, welche Zertifikate Sie bereits besitzen, können Sie dies folgendermaßen erledigen:

1. Öffnen Sie über *Extras/Einstellungen* das gleichnamige Dialogfenster und wechseln Sie in der Rubrik *Erweitert* auf die Registerkarte *Zertifikate*. Dort klicken Sie dann auf die Schaltfläche *Zertifikate*.

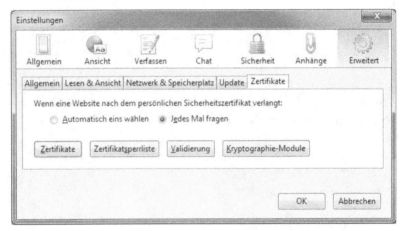

2. In der Rubrik *Personen*, finden Sie alle Zertifikate Ihrer Kommunikationspartner.

3. Hier können Sie ggf. auch weitere Arbeiten an den Zertifikaten durchführen.

Nachricht signieren/verschlüsseln

1. Erstellen Sie wie gewohnt eine E-Mail. Um diese zu verschlüsseln, ist es erforderlich, daß Sie den öffentlichen Schlüssel des Empfängers besitzen. Haben Sie bereits einmal eine signierte Nachricht vom Kommunikationspartner erhalten, hat Thunderbird das Zertifikat bereits mit dem öffentlichen Schlüssel integriert.

2. In der Symbolleiste finden Sie die Auswahlliste für *S/MIME* (oder über das Menü *Optionen*). Dort können Sie nun auswählen, welche Sicherheitsoption(en) Sie für die E-Mail wünschen.

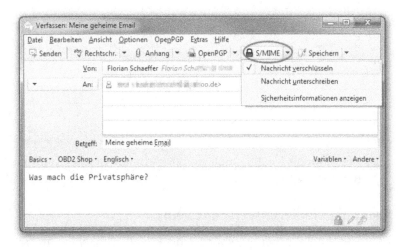

 Hinweis: Achten Sie darauf, daß Sie nicht zusätzlich noch die Verschlüsselung oder Signierung per PGP (Menü *OpenPGP* in der Symbolleiste) aktiviert haben. Theoretisch ist es zwar möglich, beides zu machen, aber es ist nicht sinnvoll.

3. Jetzt können Sie die E-Mail wie gewohnt abschicken. Sollte für den Empfänger kein Schlüssel bekannt sein, wird Thunderbird Sie entsprechend informieren.

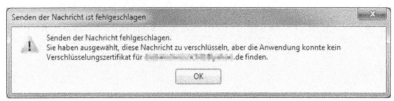

8.3 Outlook 2013

S/MIME einrichten

1. Öffnen Sie den Backstage-Bereich und klicken Sie auf *Optionen*. Oder wählen Sie aus dem Menü in der Schnellstart-Leiste (ganz link oben neben dem Outlook-Symbol) den Eintrag *Weitere Befehle*.

2. Wechseln Sie in die Rubrik *Trust-Center*.

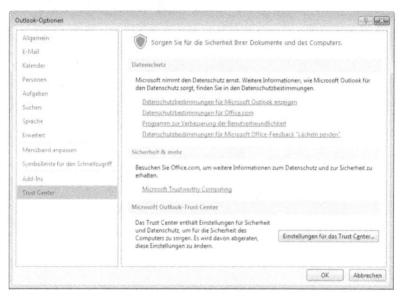

3. Klicken Sie auf die Schaltfläche *Einstellungen für das Trust-Center* und wechseln Sie dann im Trust Center in die Rubrik *E-Mail-Sicherheit*.

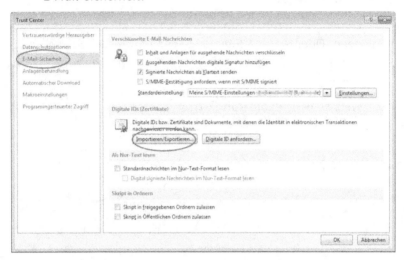

4. Klicken Sie auf den Button *Importieren/Exportieren*.

5. Wählen Sie mit *Durchsuchen* die gespeicherte Zertifikatda-
tei aus und geben Sie bei *Kennwort* das Paßwort für die Datei ein. *OK*.

6. Ein Fenster öffnet sich. Voreingestellt ist als Sicherheitsstufe eine Einstellung, bei der Sie später nie mehr nach einem Paßwort gefragt werden, wenn der private Schlüssel benutzt wird. Das ist zwar bequem, aber ein Sicherheitsrisiko, wenn Dritte Ihren Computer benutzen können. Wenn Sie jedesmal nach dem Paßwort gefragt werden wollen, klicken Sie auf *Sicherheitsstufe* und wählen Sie die Option *Hoch*.

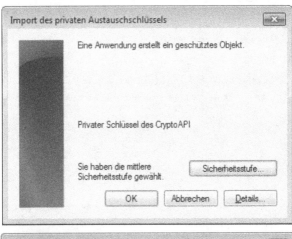

7. Wenn Sie die Einstellung auf *Hoch* ändern, werden Sie nach einem neuen Kennwort für den privaten Schlüssel gefragt. Legen Sie ein Kennwort fest, welches Sie immer eingeben wollen, wenn der private Schlüssel benutzt wird.

8. Wenn Sie wieder zurück im *Trust Center* sind, sollte bei *Standardeinstellung* Ihre E-Mail Adresse angezeigt werden. Legen Sie fest, ob Ihre E-Mails automatisch signiert und/oder verschlüsselt werden sollen. Aktivieren Sie dazu die Optionen *Inhalt und Anlagen für ausgehende Nachrichten verschlüsseln* und/oder *Ausgehende Nachrichten digitale Signaturen hinzufügen*. Aktivieren Sie auch *Signierte Nachrichten als Klartext senden*.

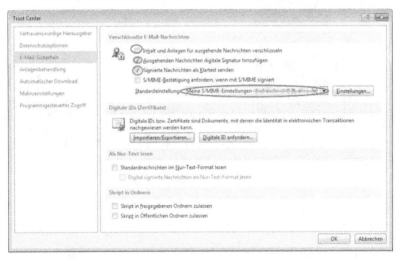

9. Jetzt können Sie das Trust Center und die Einstellungen schließen.

S/MIME Zertifikate austauschen

Die Verwaltung der S/MIME Zertifikate ist in Outlook 2013 und Windows 7 sehr unübersichtlich gestaltet. Um einem Kontaktpartner Ihr öffentliches Zertifikat zukommen zu lassen, schreiben Sie demjenigen einfach eine E-Mail und signieren Sie diese (wie das geht, steht im nächsten Kapitel ab Seite 208). Ebenso lassen Sie sich von einem anderen einfach eine E-Mail schicken, die dieser (mit seinem öffentlichen Schlüssel) signiert hat. S/MIME schickt automatisch den öffentlichen Schlüssel als Dateianhang mit. Die meisten E-Mailprogramme zeigen diesen Dateianhang aber nicht an. Outlook weist zwar mit dem bekannten Büro-klammersymbol auf einen Anhang hin, bietet aber keinen direk-ten Zugriff auf die Datei, wie die folgende Abbildung zeigt: Die E-Mail ist signiert (rotes Symbol) und enthält einen Dateianhang.

Damit Sie später E-Mails an diesen Partner verschlüsseln können, müssen Sie seinen öffentlichen Schlüssel nun im "Zertifikatspei-cher" von Windows installieren. Dazu gibt es mehrere Methoden. Allerdings ist es auch zwingend notwendig, daß Sie für diese E-Mailadresse einen Kontakt in Ihrem Adreßbuch anlegen und den Kontakt mit dem Zertifikat verknüpfen.

Wenn Sie bisher die Person noch nicht in Ihren Kontakten ange-legt haben oder der bisherige Eintrag nur aus der E-Mailadresse besteht, dann ist es am einfachsten, den bisherigen Kontakt ggf. zu löschen und dann einen neuen zu erstellen, mit dem dann automatisch das Zertifikat verknüpft ist.

1. Lassen Sie sich die E-Mail anzeigen, die von Ihrem Kommu-nikationspartner stammt und von diesem signiert wurde.

2. Das die Nachricht signiert wurde, zeigt das rote Symbol rechts an. Klicken Sie doppelt auf den angezeigten Absender (Name/E-Mailadresse).

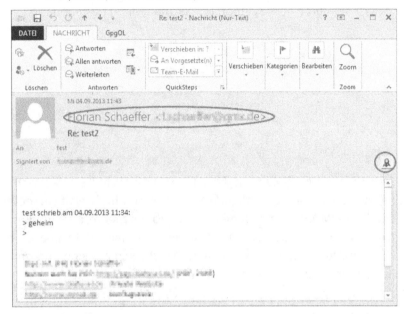

3. Es öffnet sich ein weiteres Fenster, in dem Sie auf *Hinzufügen* klicken.

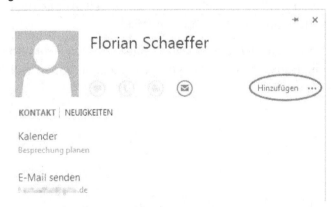

4. Klicken Sie im nächsten Fenster einfach auf Speichern, um den neuen Kontakt inkl. Zertifikat abzuspeichern.

Quis custodiet custodes?

5. Anschließend können Sie alle Fenster schließen.

Gibt es schon einen Eintrag für diesen Kontakt und ist er mit weiteren Daten ergänzt, die Sie nicht verlieren wollen, dann bleibt nur der umständliche Weg über die Zertifikat Ex- und Importfunktion:

1. Lassen Sie sich die E-Mail mit der Unterschrift anzeigen, so daß Sie das rote Symbol für die Signatur sehen.

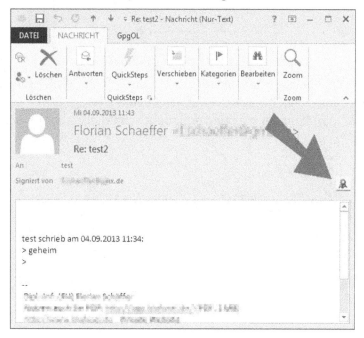

2. Klicken Sie einmal auf das Symbol. Es öffnet sich ein neues Dialogfenster. Klicken Sie auf *Details*.

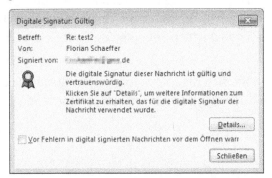

3. Im nächsten Fenster wird Ihnen die Struktur des Zertifikats angezeigt. Klicken Sie auf den letzten Eintrag *"Signierer ..."* und dann auf die nun verfügbare Schaltfläche *Details anzeigen*.

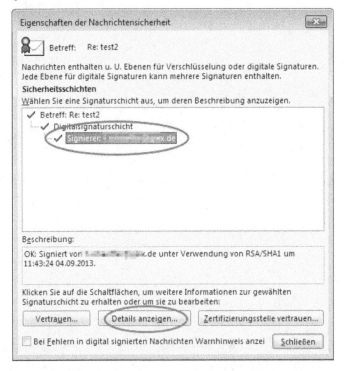

4. Jetzt wird die eigentliche Signatur angezeigt. Klicken Sie auf *Zertifikat anzeigen*.

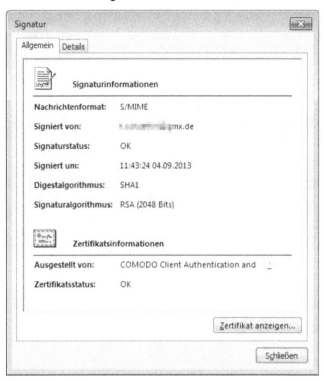

5. Wechseln Sie auf die Registerkarte *Details* und klicken Sie auf *In Datei kopieren*.

6. Der *Zertifikatexport-Assistent* öffnet sich. Klicken Sie auf *Weiter*.

7. Belassen Sie die Auswahl bei *DER-codiert* und klicken Sie auf *Weiter*.

Quis custodiet custodes?

8. Wählen Sie über *Durchsuchen* einen Speicherort aus und vergeben Sie einen Dateinamen. Die Datei können Sie später wieder löschen, wenn das Zertifikat erfolgreich importiert worden ist. *Weiter*.

9. Die Zusammenfassung zeigt an, was exportiert wird. *Fertig stellen*.

10. Anschließend ist der Exportvorgang abgeschlossen und Sie können alle noch offenen Fenster schließen.

11. Jetzt muß das Zertifikat in Outlook zum Kontakt importiert werden. Öffnen Sie dazu in Outlook das Adreßbuch und wählen Sie den entsprechenden Kontakt durch Doppelklick aus.

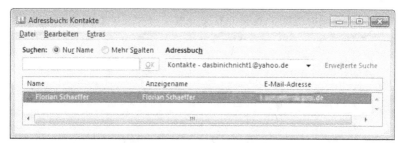

12. Wechseln Sie im Ribbon *Kontakt/Anzeigen* auf *Zertifikate* und klicken Sie auf *Importieren*.

13. Wählen Sie die zuvor gesicherte Datei aus und klicken Sie auf *Öffnen*.

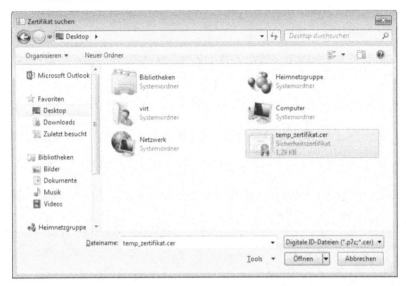

14. Anschließend ist das Zertifikat mit dem Kontakt verknüpft und wird angezeigt. Jetzt können Sie die Datei mit dem Zertifikat löschen.

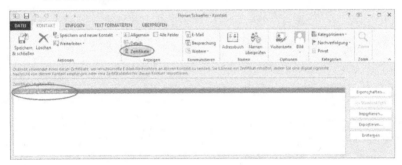

Wenn Sie prüfen wollen, ob Sie für einen Kontakt ein Zertifikat vorliegen haben, dann geht das recht einfach:

1. Öffnen Sie den entsprechenden Kontakt einfach im Adreßbuch durch Doppelklick.

2. Wechseln Sie im Ribbon *Kontakt/Anzeigen* auf *Zertifikate*.

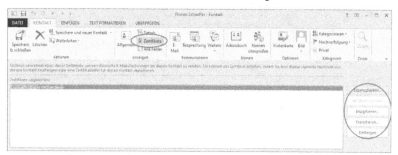

3. Über die Funktionen am rechten Rand können Sie nun ggf.
   weitere Aktionen mit dem Zertifikat vornehmen.

Signieren/verschlüsseln

Nach dem S/MIME eingerichtet ist, erfolgt die weitere Nutzung relativ intuitiv – vorausgesetzt, Sie haben das Zertifikat Ihres Kommunikationspartners wie zuvor beschrieben, installiert. Wenn nicht, erhalten Sie beim Verschlüsseln folgenden Fehler:

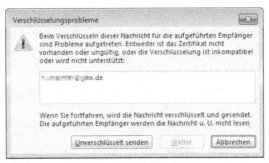

Lesen Sie dann zuerst, wie Sie für diesen Empfänger, dessen öffentliches Zertifikat erhalten und einbinden können ab Seite 194 nach.

1. Erstellen Sie eine E-Mail und wählen Sie die Empfänger aus Ihrem Adreßbuch aus (nur an Empfänger, die in Ihrem Adreßbuch gespeichert sind und deren Zertifikat Sie bereits eingebunden haben, können Sie verschlüsselte Nachrichten senden). Wenn Sie die E-Mail nur Unterschreiben wollen, benötigen Sie das Zertifikat des Empfängers nicht, dann können Sie die Nachricht jedem beliebigen Empfänger schicken.

2. Aktivieren Sie im Ribbon *Optionen/Berechtigung* die Einstellung *Signieren* und/oder *Verschlüsseln*. Je nach dem, welche Einstellungen Sie bei der Einrichtung von Outlook getätigt haben (vgl. S. 189) ist eventuell schon eine Vorauswahl getroffen worden.

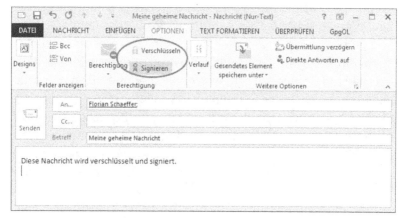

3. Sie können jetzt die Nachricht wie gewohnt einfach absenden. Eventuell (je nach den Einstellungen) werden Sie noch nach dem Paßwort für Ihr Zertifikat gefragt, wenn Sie die Nachricht signieren wollen.

Wenn Sie selber eine Nachricht bekommen, die signiert und/oder verschlüsselt wurde, zeigt Ihnen Outlook dies in der Übersicht oder neben der E-Mail an. Ein gelbes (oder blaues) Schloß bedeutet, daß die Nachricht verschlüsselt ist, ein rotes Symbol weist auf eine Signatur hin. in der Nachrichtenvorschau wird nur das höherwertige Symbol dargestellt. In der Detailansicht der E-Mail sehen Sie beide Symbole.

9 Sicher im WWW unterwegs

E-Mails zu verschlüsseln ist ein gutes Mittel, um die eigene Privat-sphäre zu schützen – es ist aber nicht alles, was Sie unternehmen können. Sobald Sie mit dem Webbrowser im World Wide Web (umgangssprachlich dem *Internet*) unterwegs sind, hinterlassen Sie Spuren und stellen ein Angriffsziel für Datensammler, Hacker und dubiose Serviceanbieter dar. Wundern Sie sich vielleicht auch (oder ärgern sich bereits), warum Amazon Ihnen schon beim ersten Besuch anzeigt, welche Bücher und CDs Ihnen gefal-len könnten und diese Empfehlungen sogar erstaunlich gut sind? Ebenso bei ebay: sobald Sie die Startseite besuchen und noch nicht einmal angemeldet sind, werden Ihnen Artikel gezeigt, die zu dem passen, was sie letztens erst gesucht oder gekauft haben. Das ist recht einfach zu erklären: Die Anbieter können Sie identifi-zieren. An kleinen (an sich ungefährlichen) Informationsdateien auf Ihrem Computer – sogenannten Cookies[1]. Darin wird eine ID gespeichert, die auf dem Server des Anbieters in einer giganti-schen Datenbank (Stichwort: Big Data[2]) mit Ihrem Account oder Ihren letzten Aktivitäten verknüpft ist. Besuchen Sie den Anbieter später wieder, wird die ID ausgelesen und mit der Datenbank abgeglichen, die dann passende Angebote aussucht.

Eine Studie[3] von Cracked Labs im Auftrag der österreichischen Arbeiterkammer zeigt, daß nicht nur die üblichen Verdächtigen zu denjenigen gehören, die mit Big Data Geld verdienen, sondern, daß tausende Unternehmen heimlich unser Alltagsverhalten überwachen, uns penibel einordnen und bewerten – und unsere intimsten Details an Handel, Versicherungen, Finanz- und Perso-nalwirtschaft verkaufen.

Mit den richtigen Werkzeugen und Konfigurationseinstellungen können Sie sich zu einem großen Teil schützen. Trotzdem bleiben

---

[1] https://de.wikipedia.org/wiki/Cookie
[2] https://de.wikipedia.org/wiki/Big_Data
[3] http://crackedlabs.org/studie-kommerzielle-ueberwachung

　　　　　　　　　　Quis custodiet custodes?

natürlich der beste Schutz der gesunde Menschenverstand und ein gutes Maß an Mißtrauen. Bei allen folgenden Maßnahmen handelt es sich nur um Empfehlungen, die hilfreich sein können aber auch Einschränkungen mit sich bringen. Vor allem die Bequemlichkeit wird eingeschränkt und Sie müssen sich in die Thematik einarbeiten. Soll es bequem, benutzerfreundlich und intuitiv einfach sein, dann werden leider auch immer gleich große Löcher in Ihrem Schutzwall aufgerissen. Deswegen müssen Sie für sich persönlich abwägen, was Ihnen wichtig ist und wo Sie lieber ein überschaubares Risiko eingehen.

Grundsätzlich kann hier nicht auf alle Eventualitäten und Programme eingegangen werden – dazu gibt es zu viele. Aus grundsätzlichen Gründen wird ausschließlich der Browser Firefox (https://www.mozilla.org/de/firefox/desktop/) genutzt. Eine gute Alternative stellt Opera (http://www.opera.com/de) dar.

Mozilla Firefox

Der Internet Explorer[1] ("IE") war und bleibt die schlechteste Möglichkeit. Microsoft stopft viele Sicherheitslöcher nur zögerlich oder gar nicht. Zudem legt der Internet Explorer mehr Wert auf viele Funktionen und soll vor allem Anwender ansprechen, die eine einfache Benutzung bevorzugen. Dadurch geben Sie aber zu viele Möglichkeiten der Kontrolle aus der Hand und machen Ihr System auch an anderen Stellen angreifbar.

---

[1] Bitte verwechseln Sie prinzipiell nicht den (*Windows-/Datei-*) *Explorer* (*https://de.wikipedia.org/wiki/Windows-Explorer*) mit dem *Internet Explorer*. Der Windows-Explorer wird einfach nur "Explorer" genannt und dient der Verwaltung von Dateien etc. Der Internet Explorer ist zum surfen im Web da.

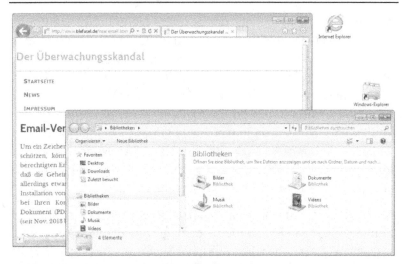

Google Chrome ist zwar derzeit sehr beliebt aber auch hiervon ist abzuraten. Google finanziert sich durch Werbung. Dazu werden Benutzerdaten gesammelt. Wer weiß schon, was der Browser alles im Hintergrund verdeckt macht?

9.1 Firefox Einstellungen

Firefox wird mit Einstellungen installiert, die einen Kompromiß zwischen Sicherheit und Komfort gewährleisten. Damit das Surfen aber soweit wie möglich anonymisiert wird, können Sie noch einiges konfigurieren. Entscheiden Sie selbst, was Sie brauchen und worauf Sie verzichten können.

1. Klicken Sie auf das Menüsymbol in Firefox und anschließend auf *Einstellungen*. Wenn Sie eine andere Version des Browsers nutzen oder ihn über Designvorlagen entsprechend konfiguriert haben, wählen Sie den Menüeintrag *Extras/Einstellungen* oder *Firefox/Einstellungen*.

Die Anschließenden Ausführungen beziehen sich auf die jeweiligen Registerkarten (so weit erforderlich). Da es keine Reihenfolge gibt, in der Sie die Einstellungen vornehmen müssen, wird auf eine Numerierung verzichtet.

Die Abbildung zeigt jeweils die empfohlenen Einstellungen mit einer kurzen Erläuterung einzelner Optionen und deren Bedeutung.

Allgemein

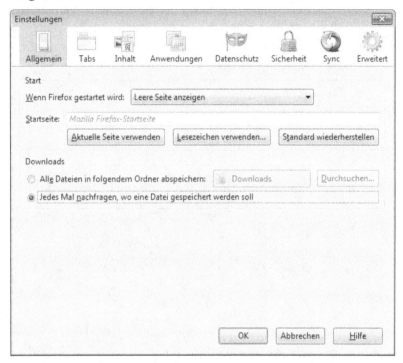

Wenn Firefox gestartet wird: Leere Seite anzeigen

Sobald Sie den Browser öffnen, wird eine Webseite gela-
den. Das ist zwar praktisch, wenn da dann Google oder
ähnliches erscheint aber dadurch teilen Sie dem Betreiber
dieser Webseite auch jedes mal mit, daß Sie gerade Ihren
Browser gestartet haben. So kann dieser ein Profil über
Ihre Surfgewohnheiten erstellen. Zudem kann gleich ein
Cookie angelegt werden, der dann für die ganze Sitzung
Sie identifizierbar macht. Wenn Sie nach dem Starten
Google sehen wollen, legen Sie sich ein Lesezeichen[1] an
und klicken darauf sobald sie wirklich zu Google wollen.

---

[1] https://support.mozilla.org/de/kb/mit-lesezeichen-ihre-lieblingsseiten-
verwalten

Quis custodiet custodes?

Vielleicht wollen Sie ja nach dem Start auch gleich woanders hin und geben die Adresse direkt ein oder benutzen ein anderes Lesezeichen.

Downloads: Jedes Mal nachfragen...

Wenn Sie Dateien immer im Standardordner ablegen, sind sie dort von Viren etc. leicht zu finden. Wenn Sie nicht gefragt werden, wo eine Datei gespeichert werden soll, finden viele Anwender sie später nicht wieder, weil sie sich mit der Benutzung des Explorer [1]und mit dem Dateisystem nicht auskennen. Zudem behalten Sie so die Kontrolle darüber, ob eine Datei wirklich gespeichert werden soll oder Sie den Download vielleicht gar nicht wünschen und nur aus Versehen auf einen Downloadlink geklickt haben.

---

[1] http://windows.microsoft.com/de-de/windows-8/files-folders-windows-explorer

Inhalt

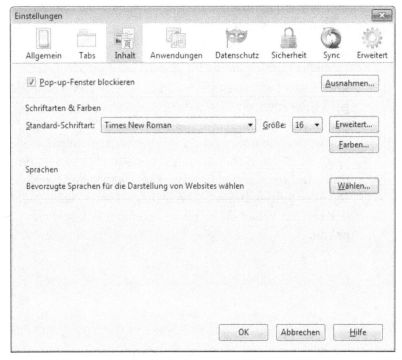

Pop-up-Fenster blockieren

> Pop-up-Fenster werden vor allem für nervende Werbung
> benutzt. Ein Webdesigner, der was taugt, verzichtet auf
> solche. Wenn eine Ihrer favorisierten Webseiten partout
> nicht ohne dieses Ärgernis auskommt, klicken Sie auf
> *Ausnahmen* und tragen Sie dort die URL dieser Webseite
> ein.

Anwendungen

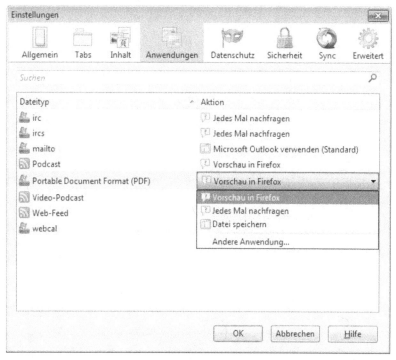

Hier sammeln sich mit der Zeit immer mehr Einträge – also gelegentlich mal kontrollieren. Wenn Sie im Web auf einen Link klicken oder in einer Seite Inhalte eingebettet sind, die nicht direkt mit HTML umgesetzt sind (Videos, Audiodateien, PDFs, Animationen, E-Mail-Links usw.) dann wird eine passende Anwendung gestartet oder Sie werden gefragt, was gemacht werden soll. Für einzelne Fälle können Sie eine Aktion direkt vorgeben (z. B. bei *mailto* Ihr E-Mail-Programm (möglichst nicht Outlook) starten). Wenn Sie sich nicht sicher sind, klicken Sie auf einen Eintrag und wählen dann durch öffnen des lokalen Menüs die Einstellung *Jedes Mal nachfragen* oder *Datei speichern*.

Datenschutz

Auf dieser Registerkarte sind rigide Datenschutzeinstellungen möglich. Unter Berücksichtigung eines gewissen Komforts sind aber durchaus Kompromisse angebracht.

Verfolgung von Nutzeraktivitäten

Es ist sehr umstritten, ob diese Funktion zu den Aufgaben eines Browsers gehört. Einige Experten vertreten die Meinung, daß der Webseitenanbieter grundsätzlich die Privatsphäre zu berücksichtigen hat und nicht der Besucher dies mitteilen muß (Opt-Out). Will der Betreiber Aktivitäten protokollieren (Tracking[1]), hat er den Besucher zuvor aktiv zu fragen (Opt-In). In der Praxis hält sich sowieso keiner an diese Vorgabe bzw. ignoriert die Einstellung, da es keinerlei rechtliche Regelung hierzu gibt. Der Browser hat darauf keinerlei Einfluß. Im Grunde verraten Sie dem Webseitenanbieter schon etwas über sich, wenn Sie eine der beiden Optionen *Websites mitteilen…* wählen. Da diese Funktion aber eher nützt als schadet, kann man *Websites miteilen, meine Aktivität nicht zu verfolgen* wählen.

Firefox wird eine Chronik: niemals anlegen
Das wäre die sicherste Einstellung, bei der im Grunde alle Ihre Spuren im Web (soweit sie durch den Browser kontrolliert werden können) vermieden werden. Allerdings leidet darunter der Komfort erheblich.

Firefox wird eine Chronik: nach benutzerdefinierten Regeln anlegen
Hiermit läßt sich ein guter Kompromiß erzielen.

Immer den privaten Modus verwenden
Wäre die nächst sichere Einstellung bei der während der aktuellen Sitzung aller Komfort vorhanden ist, sie aber beim nächsten Browserstart wieder bei Null anfangen (Paßwörter, besuchte Seiten usw.).

Achtung: Befinden Sie sich in einem Internet-Café oder an einem öffentlichen Arbeitsplatz etc., dann aktivieren Sie diese Einstellung als erstes.
Ansonsten eher nicht aktivieren und dafür mit den folgenden Optionen anpassen:

Besuchte Seiten und Download-Chronik speichern
Dann werden Ihnen später die bereits besuchten Webseiten als Auswahl vorgeschlagen, wenn Sie die URL in der Adreßzeile anfangen einzugeben.

---

[1] https://de.wikipedia.org/wiki/Do_Not_Track

Eingegebene Suchbegriffe...

> Da man selten das gleiche sucht (dann kann man auch ein Lesezeichen anlegen) oder ein und das selbe Formular öfter mit den gleichen Angaben ausfüllt, können diese Eingaben verworfen werden.
>
> **Hinweis:** Wenn Sie Paßwörter speichern wollen, dann muß diese Option aktiviert sein. Sie können die gesammelten Daten dann aber beim Schließen löschen (siehe unten).

Cookies akzeptieren

> Ohne Cookies geht es einfach nicht.

Cookies von Drittanbietern akzeptieren: Nie

> Drittanbieter sind zu 99,9% Firmen, die nur an Ihren Surfgewohnheiten interessiert oder für Werbung zuständig sind.

Behalten, bis: Firefox geschlossen wird

> Cookies, die länger gespeichert sind, dienen vor allem dazu, Sie später wieder zu identifizieren. Meistens geschieht das aus reinen Marketinggründen und nur selten, um Einstellungen zu speichern (z. B. Einstellung von Schriftgröße und Farbe für diese Webseite).

Diese Website von FedEx verwendet Cookies, darunter auch Cookies Dritter, um die Funktionalität und die Surf-Erfahrung zu verbessern und erlaubt Web-Analysen und gezieltes Marketing. Sollten Sie weiterhin diese Website besuchen, ohne die Cookie-Einstellungen in Ihrem Web-Browser zu verändern, stimmen Sie unserer Verwendung von Cookies zu. Um mehr über Cookies und ihre Verwaltung oder Deaktivierung zu erfahren, lesen Sie bitte unsere **Cookie-Richtlinien**.

Quis custodiet custodes?

Cookies anzeigen

Klicken Sie auf die Schaltfläche und sehen Sie, welche
Cookies bereits existieren:

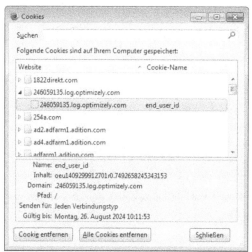

Mit *Alle Cookies löschen*, können Sie reinen Tisch machen.

Die Chronik löschen…

Klicken Sie auf Einstellungen, um die genauen Regeln
festzulegen:

Die meisten Daten können beim Schließen von Firefox gelöscht werden. Hier können Sie vor allem auch die einge-
gebenen Suchbegriffe und Formulardaten löschen. *Ge-*

speicherte Paßwörter ist sinnvoll, schränkt den Komfort aber ein (siehe unten). Wenn Sie Paßwörter i. d. R. speichern wollen aber bei einigen Webseiten dies nicht wünschen, dann müssen Sie die Option *Website-Einstellungen* deaktivieren, da ansonsten diese Ausnahmen verloren gehen.

Sicherheit

Warnen, wenn Websites versuchen...

Add-ons stellen sinnvolle Erweiterungen der Browserfunktionen dar. Trotzdem sollten Sie sich immer warnen lassen, bevor irgend etwas installiert wird.

Klicken Sie auf *Ausnahmen* und dort dann auf *Alle Websites löschen*, da Sie sich auch warnen lassen sollten, wenn von den Mozilla Seiten etwas installiert wird. Das hindert

Sie nicht daran, etwas trotzdem zu installieren, nur passiert es nicht im mehr unbemerkt.

Websites blockieren,…

Beide Optionen basieren auf Analysen von Mozilla des in einer Webseite enthaltenen Codes und schützen Sie. Nur in sehr seltenen Fällen dürfte es Probleme dadurch geben.

Paßwörter speichern

Eine sehr heikle Einstellung. Das Speichern von Kennwörtern stellt ein Sicherheitsrisiko dar – kein Datenschutzproblem. Die Paßwörter sind lokal abgelegt und können nicht übers Internet ausgelesen werden. Wenn aber ein unberechtigter Nutzer Zugriff auf Ihren PC erhält (Dieb, Benutzung in Ihrer Abwesenheit z. B. durch Ihre Kinder), dann kann derjenige sich auf allen Webseiten problemlos anmelden, für die Sie Paßwörter gespeichert haben. Angesichts der Menge an Paßwörtern, die man heutzutage hat und unter Berücksichtigung des Umstandes, daß es eigentlich besser ist, viele verschiedene und komplizierte Paßwörter zu haben, damit ein Hacker nicht durch ausprobieren Zugriff auf ein Konto erlangen kann, ist es prinzipiell möglich, Paßwörter vom Browser speichern zu lassen. Es obliegt Ihrer Verantwortung dann dafür zu sorgen, daß kein Dritter Ihren Browser benutzen kann. Dies läßt sich z. B. durch Verschlüsselung der Festplatte sicherstellen. Zudem stellen Sie sicher, daß Sie Ihren Arbeitsplatz sperren, sobald Sie ihn verlassen ([⊞]+[L]) und ein Kennwort verlangt wird, wenn Sie zurückkehren (*Systemsteuerung/Alle Systemsteuerungselemente/Benutzerkonten/Kennwort für das eigene Konto erstellen*). Sie können auch einen Bildschirmschoner einrichten (*Systemsteuerung/Alle Systemsteuerungselemente/Anpassung/Bildschirmschoner*) und dort *Anmeldeseite bei Reaktivierung* aktivieren, damit ebenfalls ein Kennwort eingegeben werden muß, bevor der Bildschirm wieder freigegeben wird.

Überlegen Sie sich auch, welche Anmeldeeinstellungen eventuell gar nicht gespeichert werden sollten, weil sie besonders sicherheitsrelevant sind (z. B. Online-Banking). Sobald Sie auf einer Webseite Anmeldedaten eingeben, wird Firefox Sie fragen, ob Sie die Daten speichern wollen oder nicht (*Nie* oder *Jetzt nicht*). Warten Sie mit der Entscheidung, bis Sie in der Webseite sehen, ob die Anmeldung erfolgreich war oder nicht (Tippfehler etc.). Ausnahmen werden gespeichert und können durch Anklicken der Schaltfläche *Ausnahmen* verwaltet werden.

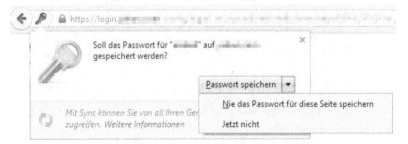

Einige Webseitenbetreiber meinen, den Benutzer bevormunden zu müssen und die Möglichkeit, Anmeldedaten speichern zu können, zu unterdrücken. In dem Fall erscheint nach der Anmeldung keine Aufforderung vom Firefox zu entscheiden, was Sie mit den

Daten machen wollen. Dies können Sie in den meisten Fällen umgehen, wenn Sie diese Einschränkung vorher aushebeln:

1. Öffnen Sie die Lesezeichen Sidebar mit ⌜Strg⌟+⌜B⌟ um einmalig ein spezielles Lesezeichen anzulegen.

2. Klicken Sie mit der rechten Maustaste auf den Eintrag *Lesezeichen-Menü* oder *Lesezeichen-Symbolleiste* und wählen Sie den Menüpunkt *Neues Lesezeichen*.

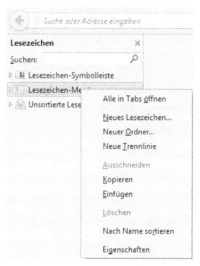

3. Vergeben Sie einen *Namen* und tragen Sie bei *Adresse* den folgenden Befehl ein und klicken Sie dann auf *Hinzufügen*:

```
javascript:(function(){var%20ca,cea,cs,df,dfe,i,j,x,
y;function%20n(i,what){return%20i+%22%20%22+what+
((i==1)?%22%22:%22s%22)}ca=cea=cs=0;df=document.forms;f
or(i=0;i<df.length;++i){x=df[i];dfe=x.elements;if(x.ons
ub-
mit){x.onsubmit=%22%22;++cs;}if(x.attributes[%22autocom
ple-
te%22]){x.attributes[%22autocomplete%22].value=%22on%22
;++ca;}for(j=0;j<dfe.length;++j){y=dfe[j];if(y.attribut
es[%22autocom-
plete%22]){y.attributes[%22autocomplete%22].value
=%22on%22;++cea;}}}alert(%22Removed%20autocomplete=off%
20from%20%22+n(ca,%22form%22)+%22%20and%20from%20%22+n(
cea,%22form%20element%22)+%22,%20and%20removed%20onsubm
it%20from%20%22+n(cs,%22form%22)+%22.%20After%20you%20t
ype%20your%20password%20and%20submit%20the%20form,%20th
e%20browser%20will%20offer%20to%20remember%20your%20pas
sword.%22)})();
```

Befehl als QR-Code:

4. Wenn Sie jetzt eine Webseite besuchen, die das Speichern
   der Anmeldedaten unterdrücken will, dann öffnen Sie die
   Anmeldeseite und bevor Sie die Anmeldedaten eingeben,
   rufen Sie ihr angelegtes Lesezeichen auf. Ein Dialog informiert Sie über den Erfolg:

Removed autocomplete=off from 0 forms and from 1 form element, and removed onsubmit from 0 forms. After you type your password and submit the form, the browser will offer to remember your password.

OK

5. Jetzt melden Sie sich auf der Webseite an und Firefox fragt Sie, was mit Ihren Eingaben passieren soll.

Master-Passwort verwenden

Aktivieren Sie diese Option und legen Sie ein Master-Paßwort fest.

Wenn Sie eine Anmeldeseite aufrufen, für die Sie bereits die Login-Daten gespeichert haben, dann trägt Firefox wie gewohnt die passenden Daten in das Formular ein. Beim ersten Mal in jeder Sitzung (bis zum Schließen des Browsers) werden Sie aber nach diesem Master-Paßwort gefragt. Nur wenn Sie es eingeben, werden Ihre Anmeldedaten eingetragen oder können über das Fenster mit den Einstellungen eingesehen werden.

Sync

"Wenn Sie Firefox-Sync auf Ihrem Rechner oder Mobilgerät einrichten, werden alle Ihre Daten und Einstellungen (z. B. Lesezeichen, Chronik, Passwörter, geöffnete Tabs und installierte Addons) auf sichere Weise auf den Servern von Mozilla gespeichert und können mit allen Ihren Geräten geteilt werden."[1]

Glauben Sie das wirklich? Ihre intimsten Daten sollen auf einem Server irgendwo in den USA sicher gespeichert sein? Also Finger weg von dieser Funktion – auch wenn sie praktisch sein mag.

---

[1] https://support.mozilla.org/de/kb/wie-richte-ich-firefox-sync-ein?redirectlocale=en-US&as=u&redirectslug=How+to+sync+Firefox+settings+between+computers&utm_source=inproduct

Erweitert/Datenübermittlung

Sicher helfen Sie den Entwicklern von Mozilla, wenn Sie Daten über Ihre Nutzung bereitstellen. Aber das wollen Sie nicht.

Erweitert/Update

Nicht nach Updates suchen

Es ist bequem, wenn der Browser selber nach Updates sucht. Das gilt für jede Software. Aber dann verraten Sie dem Anbieter und geheimen Datensammlern im Netz wieder einiges über sich: das Sie den Browser jetzt geöffnet haben, wo Sie sich befinden usw. Man muß nicht jedes Update sofort dann installieren, wenn es veröffentlicht wird. Gewöhnen Sie sich an, manuell nach Updates zu suchen. Je nach dem, wie sehr Sie eine aktuelle Version brauchen vielleicht einmal die Woche. Nur eben nicht ganz vergessen:

1. *Hilfe/Über* Firefox bzw. *Menü/Fragezeichen/Über Firefox.*

---

2. Schaltfläche *Nach Updates suchen.*

Automatisch aktualisieren/Suchmaschinen
   Hier gilt das gleiche.

9.2 Firefox nützliche Add-ons

Funktionen, die Firefox fehlen, lassen sich über Add-ons einfach nachrüsten. Es gibt viele Helferlein, die das Leben bunt und bequem machen (und natürlich aus Datenschutzsicht auch brand-gefährlich[1] sind). Hier interessieren uns natürlich nur die, welche mehr Sicherheit bringen und uns helfen, Datenspuren zu vermeiden oder zu löschen, denn eins sollten Sie sich immer fragen, wenn Sie noch nicht ganz davon überzeugt sind, warum es sich lohnen soll, so viel Mühe in das Verwischen Ihrer Spuren zu verwischen: Warum investieren die Datensammler so viel mehr Mühe, Tricks und Geld ins Sammeln genau dieser Datenspuren? Wer hat warum ein Interesse daran, Sie im Web genau zu identifizieren und wo liegt deren und Ihr Benefit, wenn Sie überhaupt einen haben?

---

[1] Amazons Einkaufshilfe spioniert Nutzer aus: http://heise.de/-1916578

Add-ons sollten Sie nur aus vertraulichen Quellen beziehen. Dazu gehört vor allem die Mozilla Webseite[1]. Hier können Sie sich umschauen und inspirieren lassen. Wenn Sie ein Add-on gefunden haben, klicken Sie auf installieren (*Zu Firefox hinzufügen* bzw. *Add to Firefox*) und es wird herunter geladen und eingerichtet.

---

[1] https://addons.mozilla.org/de/firefox/

Welche Add-ons installiert sind und welche aktiviert sind, können Sie auf der Spezialseite *Add-ons-Manager* in der Rubrik *Erweiterungen* in Ihrem Browser einsehen. Geben Sie in der Adreßzeile "about:addons" ein oder öffnen Sie *Menü/Add-ons* bzw. *Extras/Add-ons*.

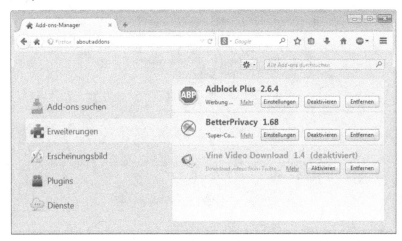

Ein installiertes Add-on muß nicht auch aktiviert sein. Aktive Add-ons stehen zur Verfügung und können benutzt werden bzw. verrichten ihre Arbeit. Deaktivierte Add-ons lassen sich schnell aktivieren, wenn man sie nur gelegentlich braucht (ggf. ist ein Neustart des Browsers notwendig, worüber Sie informiert werden). Da jedes aktive Add-on Speicher und Rechenkapazität verbraucht, kann es sich lohnen Add-ons auszuschalten, die man eigentlich so gut wie nie braucht. Die meisten Add-ons lassen sich auch über diese Seite konfigurieren, wenn Sie beim jeweiligen Add-on auf die Schaltfläche *Einstellungen* klicken.

Ihr Browser, ein Unikat

Die im folgenden gezeigten Add-ons sollen alle dazu dienen, Sie im Web anonymer zu machen und es Datensammlern erschweren, Sie zu identifizieren. Die Add-ons sind auch praktisch und unbedingt empfehlenswert. Inzwischen gibt es aber Studien[1], die zeigen, daß trotz aller Bemühungen einzelne Nutzer erkannt werden können, wenn nur genügend anderer Daten gesammelt wurden.

Eine einfache Methode ist der sogenannte Fingerabdruck Ihres Browsers. Ohne zusätzliche Maßnahmen verrät der schon so viele (völlig harmlose und für sich genommen unbedeutende) Details[2], daß damit eine Identifizierung Ihrerseits möglich sein kann. Auf der Webseite https://panopticlick.eff.org/ können Sie das selber testen.

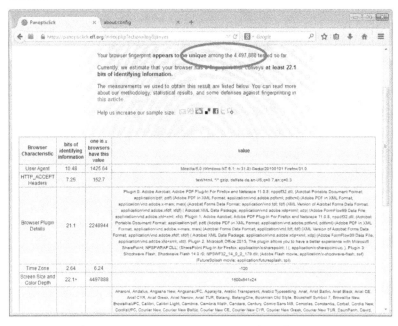

Der verwendete Browser zusammen mit dem benutzten System ist aus den 4,5 Millionen getesteten Browsern heraus eindeutig zu identifizieren. Ohne daß der Betreiber der Webseite irgendwelche Cookies speichern mußte oder Daten aktiv von mir bekommen

---

[1] https://panopticlick.eff.org/browser-uniqueness.pdf
[2] http://www.mdgx.com/bpr.htm

hat, wird er mich bei jedem Besuch wiedererkennen. Und das nur Anhand einiger frei verfügbarer Daten, die zwischen der Webseite und Ihrem Browser ausgetauscht wurden. Die installierten Schriftarten und Plugins dürften dabei die wichtigsten Erkennungsmerkmale sein.

Wenn Sie jetzt denken, daß Sie einfach all diese Daten verheimlichen sollten und dann sind Sie anonym, so erreichen Sie genau das Gegenteil: Die meisten Anwender sind nicht so sehr auf ihre Privatsphäre erpicht wie Sie und Sie fallen wieder auf, wenn Sie ganz heimlich sein wollen:

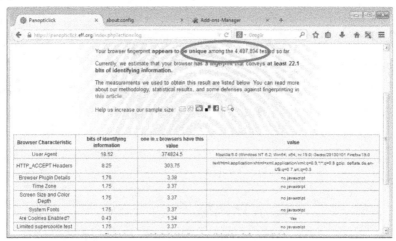

Erst bei einem gesunden Mittelmaß zwischen Heimlichtuerei und Offenheit verschwinden Sie ein wenig in der Masse:

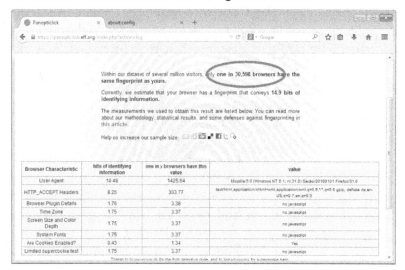

Der Unterschied ist nur die Browserversion: Auf einem relativ aktuellen 64-Bit Betriebssystem benutzt einfach kaum einer (einer von 374.825 Nutzern) mehr einen Firefox mit Versionsnummer 19 (zum gegenwärtigen Zeitpunkt als diese Zeilen geschrieben werden, ist Version 31 aktuell). zusammen mit den anderen Punkten ergibt sich dann ein eindeutiger Fingerabdruck.

Testen Sie also später nach der Installation der Add-ons einfach mal Ihre Anonymität und Ihren Fingerabdruck.

Lightbeam (vormals Collusion)

https://addons.mozilla.org/firefox/addon/lightbeam/

Wie sehr die vielen Webseiten über relativ wenige Drittanbieter[1] miteinander verknüpft sind, zeigt diesen Add-on sehr anschau-

---

[1] Die Top 50 der Datentracker: http://www.focus.de/digital/computer/chip-exklusiv/tid-29733/online-werbung-cookies-und-co-im-netz-der-datendealer-die-top-50-der-datentracker_aid_927774.html

---

Quis custodiet custodes?

lich. Es bringt keinen Sicherheitsgewinn, macht aber das Ausmaß der Sammelwut deutlich. Einige große Anbieter (hinter denen u. A. Google und Microsoft stecken) verbreiten Cookies und andere Erkennungsmerkmale für viele kommerzielle Webseiten. Die einzelne Seite profitiert davon vielleicht nicht einmal. Aber die Werbeindustrie macht sich das zu nutze und kauft die gewonnen Informationen ein (zwischen 10 und 800 US-Dollar pro Monat will alleine Alexa[1] von einem Webbetreiber für die Analyse des Surfverhaltens der Besucher und Sie können sicher sein, daß dieser Betrag von vielen gerne bezahlt wird – immerhin würde sich Amazon sonst nicht die Mühe machen, dieses Tochterunternehmen am laufen zu halten). Anschließend weiß man zum Beispiel, welche Besucher sich auf der einen Seite tummeln und dann auch auf eine bestimmte andere gehen. Oder wer sich bei Amazon umschaut und dann bei der Konkurrenz einkauft (oder anders herum). Sind Sie auf einer dieser Seiten erst einmal namentlich identifiziert worden, kann der Betreiber des Netzwerkes Sie überall hin virtuell verfolgen.

---

[1] http://www.alexa.com

Quis custodiet custodes?

Einige Minuten willkürliches herumsurfen reicht schon, um zwischen Google, ebay, Yahoo, web.de, Volkswagen, bild.de und anderen Anbietern eine Korrelation zu schaffen.

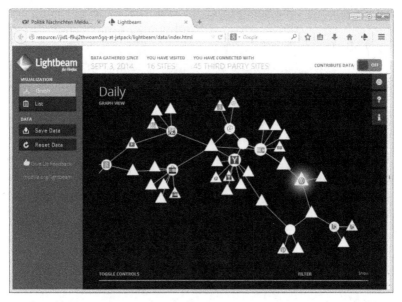

Einfach spaßeshalber mal das Add-on installieren, ein wenig surfen und dann auf das Symbol in der Symbolleiste klicken. Wenn Sie Lightbeam mehrere Tage lang aktiv lassen, werden Sie sich vermutlich gruseln, wer da alles mit wem unter einer Decke steckt.

Adblock Plus

https://addons.mozilla.org/firefox/addon/adblock-plus/

Dieses Add-on unterdrückt Werbebanner und verhindert das Öffnen von Pop-up-Fenstern. Auch wenn in Firefox eine Funktion integriert ist, die zweites bereits kontrollieren soll, gibt es zahlreiche Tricks, wie die Einstellung umgangen werden kann und trotzdem ungeliebte zusätzliche Fenster sich öffnen.

Die Möglichkeit Werbebanner (und alle anderen Werbungsarten) zu unterdrücken wird kontrovers diskutiert. Die meisten Anwender nervt blinkende und penetrante Werbung. Das Übertragen dieser Werbung kostet Bandbreite und wird im Grunde auch durch den Anwender finanziert. Zudem liegt es im Interesse der Werbeindustrie, Sie auf möglichst vielen Webseiten zu identifizieren, um so personenbezogene Werbung zu ermöglichen (bspw. die Anbieter DoubleClick[1]). Es ist also durchaus Verständlich, daß ein Anwender die ihm zustehenden Möglichkeiten ergreift, dies zu vermeiden. Es kann Ihnen ja auch keiner Untersagen bei Fernsehwerbung wegzuzappen oder den Raum zu verlassen. Die Betreiber von Webseiten sehen Ihre Finanzierung gefährdet, wenn die Werbung unterdrückt wird. Dabei sollte allerdings die Frage erlaubt sein, ob sich eine Webseite wirklich durch Einblendung von Werbung finanziert und ob das dann ein tragfähiges Geschäftsmodell ist. Einige Anbieter gehen sogar massiv gegen Werbeblocker vor und zeigen entsprechende Warnungen[2] an (die man aber auch unterdrücken kann).

 Wenn du das lesen kannst, benutzt du wahrscheinlich einen Adblocker. Bitte deaktiviere ihn für unsere Website. Danke.

Penetrante Reklame, die sich auf der ganzen freien Fläche breit macht und den Blick vom Inhalt ablenkt, kann nur als störend empfunden werden und warum sollen Sie sich gegen eine solche Belästigung nicht zur Wehr setzen? Zumal es nun auch wirklich nicht sein muß, daß Jugendliche, die sich politisch informieren wollen, zum Bierkonsum verführt werden.

In der Presse wurde das Add-on kritisiert, weil der Hersteller Acceptable Ads einführte. Dabei handelt es sich um unaufdringliche Werbegrafiken, die in der Standardeinstellung nicht ausgefiltert werden. Um mit einer solchen Grafik auf die dafür gepflegte Whitelist zu kommen, müssen große Werbefirmen aber Gebühren an

---

[1] https://de.wikipedia.org/wiki/DoubleClick
[2] http://www.vermarktercheck.de/news/anti-adblock-adblock-nutzer-gezielt-erkennen-und-ansprechen-oder-aussperren/

den Hersteller bezahlen. Dieses Geschäftsmodell sorgt immer wieder für Konflikte. So bezichtigte die österreichische Bundes-wettbewerbsbehörde[1] Google des Machtsmißbrauchs in Bezug auf AdBlock Plus. Demnach soll Google Zahlungen an die Entwickler vornehmen, um bei eigener Werbung per Acceptaple Ads der Ausfilterung zu entgehen.

Im Add-ons Manager können Sie die Einstellungen anpassen. Wenn das Adblock Plus Symbol in der Symbolleiste angezeigt wird, können Sie auch darüber die Einstellungen anpassen.

---

[1] http://derstandard.at/1381370181241/Google-Macht-nun-auch-Fall-fuer-Oesterreichs-Wettbewerbshueter

Da Adblock Plus u. a. mit einer Liste von Anbietern arbeitet, die Werbung verbreiten, muß diese Liste gelegentlich aktualisiert werden. Sie können auch bestimmen, welche Filterliste benutzt werden soll: Filtereinstellungen. Aktivieren Sie die vorhanden Listen je nach Wunsch oder wählen Sie bei *Aktionen* den Eintrag *Filter aktualisieren*, wenn Sie die Liste auf den neuesten Stand bringen wollen.

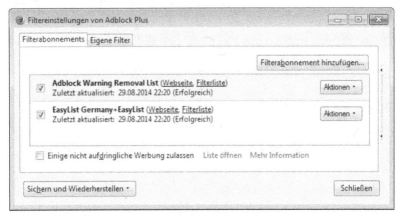

Wenn Sie die Acceptable Ads nichts wünschen, dann schalten Sie die Option *Einige nicht aufdringliche Werbung zulassen* aus.

Mit *Filterabonnement hinzufügen* können Sie weitere Listen auswählen, was aber i. d. R. nicht erforderlich ist.

Adblock Edge

https://addons.mozilla.org/firefox/addon/adblock-edge/

Hierbei handelt es sich um einen funktionsgleichen Abkömmling von Adblock Plus allerdings ohne die Whitelist mit Acceptable Ads. Wenn Sie die Acceptable Ads also nicht wünschen, können Sie gleich diese Versioninstallieren.

BetterPrivacy

https://addons.mozilla.org/firefox/addon/betterprivacy/

Ein Flash-Cookie[1] (oder Local Shared Object, kurz LSO bzw. Super Cookie) ist ein an den Adobe Flash-Player gebundenes Cookie, welches neben personenbezogenen Daten vor allem eine eindeutige Kennung speichert, um Sie von vielen Seiten aus identifizierbar zu machen. Da es sich hierbei um keinen Cookie im herkömmlichen Sinn (HTTP-Cookie) handelt, liegt er außerhalb der Kontrolle von Firefox. Mit diesem Add-on können Sie diese LSOs automatisch löschen (sinnvollerweise beim Beenden von Firefox). Zudem kann das Add-on auch die Daten löschen, die der Flash-Player anderweitig abspeichert. Dazu gehören vor allem Ihre Einstellungen und eine Liste aller mit dem Player abgespielten Inhalte.

Im Add-ons Manager können Sie die Einstellungen vornehmen (Registerkarte *Optionen & Hilfe*) und die vorhandenen Super Cookies einsehen und manuell löschen (*LSO Manager*).

---

[1] https://de.wikipedia.org/wiki/Flash-Cookie

Da Sie keine Flash Cookies wünschen (sonst hätten Sie das Add-on ja gar nicht erst installiert), bringen die im folgenden gezeigten Einstellungen den besten Schutz, lassen die Cookies aber trotzdem temporär zu:

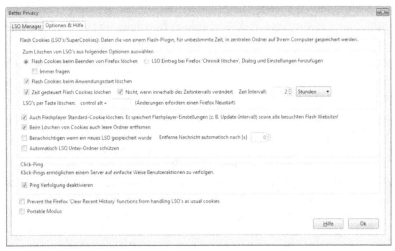

- *Flasch Cookies beim Beenden von Firefox löschen*

- *Flash Cookies beim Anwendungsstart löschen*

- *Zeit gesteuert Cookies löschen*

- *Nicht, wenn innerhalb… Zeit Intervall: 2 Stunden*

- *Auch Flashplayer Standard-Cookie löschen*

- *Beim Löschen von Cookies auch leere Ordner entfernen*

- *Ping Verfolgung deaktivieren*

Google Privacy

https://addons.mozilla.org/firefox/addon/google-privacy/

Suchmaschinen (aber auch andere Anbieter) wollen viel über Sie erfahren. Zu den sehr interessanten Informationen zählt, was Sie interessiert, wie Sie sich verhalten (wie schnell Sie sich beispielsweise entscheiden) und was Ihre Aufmerksam bekommt. Wenn

Sie in Google und Co. einen Begriff eingeben, auf welchen Treffer klicken Sie dann und wie lange brauchten Sie für die Entscheidung, war der Treffer gut oder suchen Sie weiter usw. Normalerweise kann der Webseitenanbieter aber nicht erkennen, wann Sie auf einen Link klicken und welcher das dann ist. Aber natürlich gibt es einen (einfachen) Trick, wie man es doch erfahren kann: Sie (bzw. Ihr Browser) meldet es dem Betreiber (unauffällig). Dazu ist nur ein klein wenig Programmcode in der Webseite notwendig, der an sich völlig harmlos ist und der für viele andere Anwendungen auch ganz sinnvoll ist: Beim anklicken des Links wird nicht nur die Zielseite geöffnet, sondern auch noch zusätzlich eine Funktion ausgeführt. Das kann man für ganz harmlose Dinge nutzen, um zum Beispiel Inhalte auf einer Webseite Ein- und Auszublenden oder man nutzt es als heimliches Analysewerkzeug und es wird eine eindeutige ID an den Suchmaschinenbetreiber geschickt. Diese ID wird natürlich wieder in einer Datenbank gespeichert und mit allem verknüpft, was man über Sie schon in den letzten Jahren gesammelt hat. Zu erkennen ist das natürlich für die meisten Nutzer gar nicht.

Eine zweite Möglichkeit besteht darin, den Link umzuleiten[1]: Wenn Sie auf einen Link klicken, werden Sie auf die angegebene Seite geleitet. Natürlich denken Sie, wenn Sie auf den Link zu Wikipedia klicken, daß Sie auch direkt dahin kommen werden. Aber das ist nicht der Fall. Für alle Treffer ersetzt Google nämlich den direkten Link durch einen Link auf seine eigenen Server. Das wird sehr gut kaschiert, so daß es im Grunde nicht erkennbar ist. Wenn Sie auf einen Link klicken, wird eine Seite von Google geöffnet, die aber nicht angezeigt wird, sondern nur ihren Klick registriert und in der Datenbank speichert und sie dann fast verzögerungsfrei und völlig unbemerkt auf die Webseite bringt, auf die sie eigentlich wollten.

Sie können es auch selber testen und herausfinden, welcher Anbieter den Umleitungstrick nicht macht (z. B. Bing):

1. Gehen Sie auf Google (oder Yahoo usw.)

---

[1] http://cybernetnews.com/how-to-stop-google-yahoo-bing-from-tracking-your-clicks/

2. Geben Sie als Suchbegriff *"What's My Referer"* (inkl. Anführungszeichen) ein und lassen Sie sich die Treffer zeigen.

3. Unter den ersten Treffern dürfte die Webseite http://www.whatsmyreferer.com/ sein. Klicken Sie auf den Treffer.

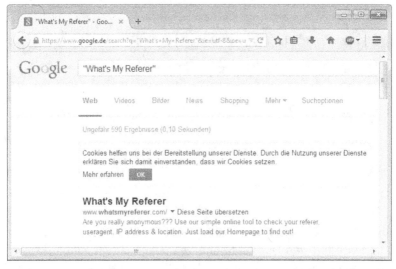

4. Als Ergebnis wird Ihnen angezeigt, daß Sie von einer ganz anderen Seite auf diese Seite kommen. Eigentlich sollte hier die gleiche URL angezeigt werden, die zuvor in der Adreßzeile im Browser sichtbar war (https://www.google.de/search?q=...).

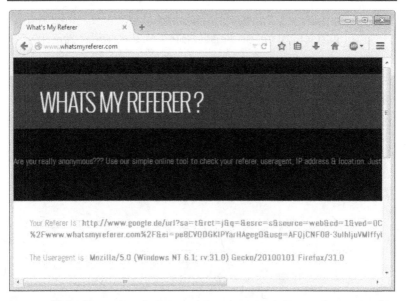

Das perfide daran ist, daß Google zwar seit einiger Zeit HTTPS für alle Suchanfragen nutzt, bei der Weiterleitung aber dann doch die Daten über eine unverschlüsselte Anfrage gesendet werden. Die Seite mit den Google Suchergebnissen ist verschlüsselt, was man am Schloßsymbol in der Adreßleiste und der Protokollangabe "https://" erkennen kann. Klickt man aber auf den Link, erfolgt die Umleitung über eine unverschlüsselte Anfrage, wie man am Ergebnis bei http://www.whatsmyreferer.com/ sieht, denn dort steht nur "http://" am Anfang.

Ein (ebenfalls nicht ganz simpler) Blick in den HTML Quellcode der Webseite entlarvt die Tricks auch:

```
<a href="http://www.google.de/url?sa=t&amp;rct=j&amp;q=
&amp;esrc=s&amp;source=web&amp;cd=1&amp;cad=rja&amp;uac
t=8&amp;ved=0CCEQFjAA&amp;url=http%3A%2F%2Fde.wikipedia
.org%2Fwiki%2FFrei-
heit&amp;ei=_eMCVNXPGdPoaNHSgrAF&amp;usg=AFQjCNGvvEVRr
7NxF-tfS8INKWVE08l_Ug" onmousedown="return rwt(this,'',
'','','1','AFQjCNGvvEVRr7NxF-tfS8INKWVE08l_Ug','',
'0CCEQFjAA','','',event)"><em>Freiheit</em> - Wikipedia
</a>
```

Blau markiert ist der Trick mit dem umlenken (über die unverschlüsselte Seite bei Google) und grün markiert ist der Trick mit dem Senden einer ID beim anklicken des Links. Google verläßt sich also beim Protokollieren Ihrer Aktivitäten nicht nur auf eine Technik.

Wenn Sie Google (und anderen Suchmaschinen etc.) einen Strich durch die Rechnung machen wollen, dann installieren Sie einfach das Add-on Google Privacy. Das entfernt nämlich derartigen Trick-Code aus den Ergebnislisten. Dadurch hinterlassen Sie nicht nur weniger Spuren, sondern sind auch noch schneller im Web unterwegs, denn die Umleitung über die Google Seite dauert, wenn auch nur wenig, eben doch ein wenig Zeit und verursacht unnötigen Datenverkehr.

In der Standardeinstellung ergänzt das Add-on die Suchergebnisse um eine kleine Grafik, die Sie auf gefundene Tricks dieser Art aufmerksam macht (kleines rotes Schildsymbol). Daneben wird ein Link eingefügt, der "privat" heißt und ein grünes Schildsymbol benutzt. Wenn Sie auf den Link vor dem roten Schildsymbol klicken, wird der Link so benutzt, wie vom Anbieter der Webseite gewünscht (Sie hinterlassen Spuren). Klicken Sie auf den Link "privat", kommen Sie direkt und ohne Spuren zu hinterlassen auf die angegebene Webseite.

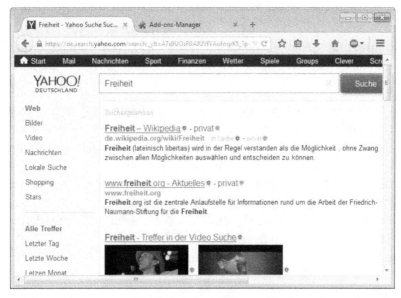

Wenn Sie diese Unterscheidung nicht wünschen (wozu auch, wann sollte man schon wollen, daß Google weiß, was ich mache?), dann nutzen Sie einfach die in der folgenden Grafik gezeigten Einstellungen für das Add-on (über den Add-on Manager von Firefox erreichbar). Dann werden alle trickreichen Links durch die harmlosen Varianten ersetzt und sie können bedenkenlos auf das Suchergebnis klicken. Das kleine grüne Symbol zeigt Ihnen, daß der Link ersetzt wurde und erinnert Sie an den Trick und läßt sie nicht vergessen, daß Sie aktiv was für Ihren Datenschutz machen.

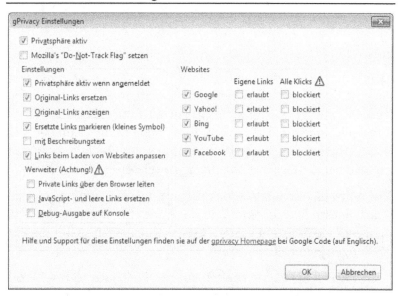

Ganz nebenbei entfernt das Add-on alle HTTP-Referrer. So kann kein Webseitenanbieter (egal wer) mehr erkennen, welche Seite Sie vor seiner besucht haben (egal welche) und wo Sie auf einen Link geklickt haben – eine Spur weniger im Web.

Den Trick mit der Umleitung über den eigenen Server machen übrigens auch Suchmaschinenbetreiber, die sich eigentlich die Anonymität der Suchenden auf die Fahne geschrieben haben. Selbst bei DuckDuckGo[1] wird das genutzt. Angeblich, um dem Betreiber der Zielseite nicht zu zeigen, wo man herkommt, denn DuckDuckGo entfernt beim Aufruf der Zielseite den HTTP-Referrer. Aber können Sie sicher sein, daß die gewonnen Informationen nicht doch gespeichert werden? Und der Trick ist zwar über die Einstellungen der Suchmaschine deaktivierbar, aber wer macht das schon und es ist ja auch gar nicht notwendig, denn mit diesem Add-on wird der Referrer sowieso entfernt – ohne daß zusätzlicher Traffic entsteht.

---

[1] https://duckduckgo.com/

Ghostery

https://addons.mozilla.org/firefox/addon/ghostery/

Dem Thema Tracking muß man viel Aufmerksamkeit widmen. Anhand der Information, wer man ist, wo man war, was man dort gesucht oder gemacht hat, lassen sich die meisten Daten für ein Persönlichkeitsprofil gewinnen. Nicht ohne Grund bemühen sich alle werbetreibenden und Datensammler, Ihre Techniken geheim zu halten und möglichst unauffällig zu agieren.

Viel hilft viel, also installieren Sie ruhig noch ein Add-on, welches Trackingtechniken erkennt und diese entfernt. Nach der Installation wird ein Assistent gestartet (Sie können auch später die Einstellungen jederzeit anpassen).

1. Klicken Sie auf den Seiten auf den Pfeil nach rechts, bis Sie bei der Seite *Blockieren* angelangt sind. Auf den anderen Seiten müssen Sie nichts ändern (und sollten Sie auch nicht – vor allem nicht *Ghostrank* aktivieren).

2. Unten wird die Registerkarte *Tracker* angezeigt.

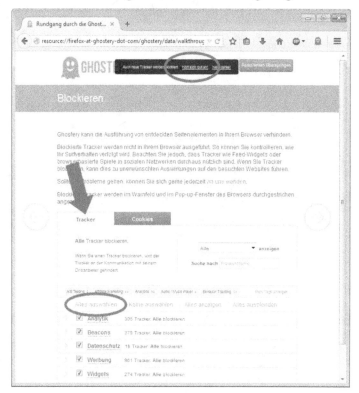

3. Klicken Sie auf *Alles auswählen*, um alle aufgelisteten (bekannten) Tracker in Zukunft zu eliminieren.

4. Am oberen Rand erscheint ein schwarz unterlegtes Feld, in dem Sie *Hört sich gut an* anklicken, damit auch neu entdeckte Tracker automatisch blockiert werden.

5. Wechseln Sie auf die Registerkarte Cookies und klicken Sie auch dort auf *Alles auswählen*.

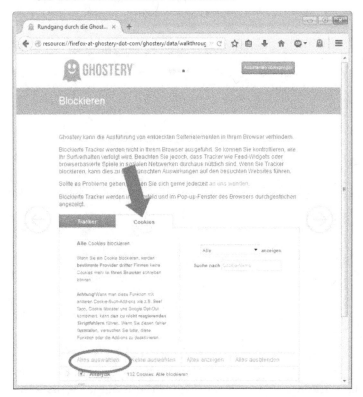

6. Klicken Sie wieder auf den Pfeil nach rechts und im letzten Schritt dann auf Schaltfläche hinzufügen. Dadurch (wenn nicht schon vorher) wird in der Symbolleiste das Geistsymbol eingefügt). Nun können Sie das Fenster einfach schließen.

Zukünftig zeigt Ihnen ein kleines Fenster (welches nach 15 Sekunden verschwindet) an, welche Tracker blockiert wurden. Bei Erfolg wird auch das Geistsymbol blau und zeigt die Anzahl der blockierten Elemente an. Ein Klick auf das Symbol öffnet ein Fenster, in dem Sie die Tracker ggf. (es gibt eigentlich keinen Grund dafür) aktivieren können. Wenn Sie das kleine Infofenster ("Warnfeld" genannt) stört, dann öffnen Sie die Einstellungen von Ghostery (Zahnradsymbol), wechseln auf die Registerkarte *Erweitert* und schalten es dort aus. Vergessen Sie nicht, die Änderungen zu *Speichern* (am unteren Ende der Einstellungsseite).

Manchmal schießt Ghostery aber auch über das Ziel hinaus und blockiert Elemente, die man eigentlich doch sehen will. Das liegt daran, daß diese Inhalte von Servern kommen, die oft fürs Tracking benutzt werden oder die Inhalte passen halt ins Tracker-Suchraster. Manche Anbieter schalten auch eine ganze Tracking-Webseite dazwischen. Sie klicken auf einen Link und werden erst auf eine Tracking-Webseite geschickt und von dort dann (blitzschnell und fast unbemerkt) auf die eigentliche Webseite.

Ghostery hat dann zwei Möglichkeiten, wenn ein Problem erkannt wird: Der Inhalt wird angezeigt und eventuell findet ein Tracking statt oder es wird ein sogenannter Click-to-Play Overlay statt des Inhaltes eingeblendet (Standardeinstellung). Das kann dann auch mal eine ganze Webseite betreffen, die nicht sofort angezeigt wird.

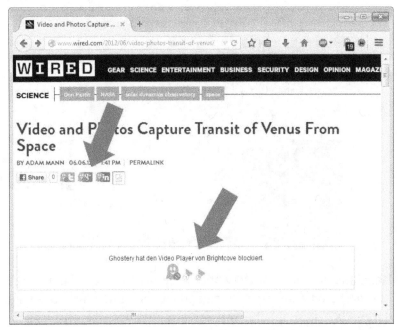

Wenn Sie auf das Geistsymbol klicken, wird der Inhalt nachgeladen und angezeigt. Sie können bei einigen blockierten Elementen auch wählen, ob der Inhalt nur dieses eine mal nachgeladen werden soll (Play-Symbol mit 1) oder in Zukunft immer (Play-Symbol mit kreisförmigen Pfeilen).

Ghostery hat eine Weiterleitung von
www.sim-karte-gratis.de zu *www.active-tracking.de*,
einem Teil von Active Performance, verhindert.

Diese Funktion können Sie auch ein wenig anpassen oder ganz ausschalten (so daß derartige Inhalte immer geladen werden), wodurch Webseiten ein wenig schneller geladen werden. Die zugehörige Option finden Sie Sie bei den Add-on Einstellungen von Ghostery auf der Registerkarte *Erweitert* im Abschnitt *Click-to-Play*.

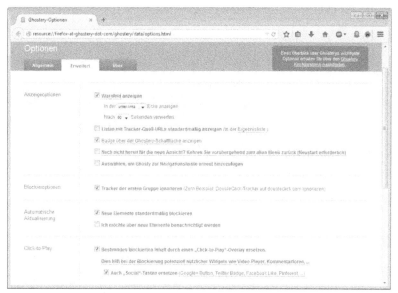

Disconnect

https://addons.mozilla.org/firefox/addon/disconnect/

Im Grunde machen Ghostery und Disconnect das gleiche. Im Web findet eine rege Diskussion darüber statt, welches Add-on besser ist. Ghostery wird vorgeworfen, daß eine Firma, die ihr Geld mit Werbung verdient das Add-on anbietet. Der Quellcode von Disconnect ist Open-Source aber der Programmierer arbeitete früher bei Google. Es ist nicht ratsam, beide Tools zu installieren, da dadurch nur die Leistung sinkt – entscheiden Sie sich nach Ihrem Geschmack für eins der beiden.

Disconnect hat keine Einstellungen. Sobald das Add-on installiert es, werden die Tracker blockiert. In der Symbolleiste wird die Zahl der blockierten Tracker angezeigt; die Angabe gibt aber nicht an, wieviele Inhalte auf der aktuellen Seite blockiert wurden. Wenn Sie dies wissen wollen, müssen Sie auf das Symbol klicken und bekommen eine Statistik angezeigt. Hier können Sie auch Trackeranbieter gezielt blockieren oder zulassen:

Für Facebook, Google und Twitter gibt es direkt oben drei Schalt-flächen. Grüne Symbole bedeuten, daß der jeweilige Anbieter blockiert wird. In den aufklappbaren Rubriken finden Sie die an-deren Anbieter, die gefunden wurden und die Sie freigeben kön-nen, in dem Sie den Haken im Optionsfeld vor dem Anbieterna-men entfernen.

Self-Destructing Cookies

https://addons.mozilla.org/firefox/addon/self-destructing-cookies/

Cookies beim Beenden von Firefox zu löschen, ist ja schon ein ganz guter Schritt (siehe ab Seite 218). Allerdings warum so lange warten? Also Profi surfen Sie doch den ganzen tag lang, arbeiten auf mehreren Tabs und besuchen eine Webseite öfter. Eigentlich kann ein Cookie doch schon dann gelöscht werden, wenn Sie eine Webseite verlassen. Wieso soll der Anbieter wissen, daß Sie heute schon mal da waren (bzw. warum sollten Sie es ihm leicht machen, dies zu wissen)? Wenn Sie eine Seite (einen Tab) schließen oder zu einer anderen Webseite wechseln, dann haben Sie doch alles erledigt, was Sie derzeit auf der bisherigen Seite machen wollten. Mit diesem Add-on wird genau das gemacht: In der Standardeinstellung werden 10 Sekunden nach dem verlassen einer Webseite (genauer gesagt einer Domain[1]) durch schließen des Fensters/Tabs oder durch Öffnen einer Seite einer anderen Domain, alle Cookies gelöscht, die von der verlassenen Webseite angelegt wurden.

Sobald Sie das Add-on installiert haben, macht es was es soll. Weitere Einstellungen sind möglich, aber nicht erforderlich. Ein kleines Infofenster (welches nach wenigen Sekunden verschwindet und auch ganz abgeschaltet werden kann) zeigt an, welche Cookies gerade gelöscht wurden.

anonymoX

https://addons.mozilla.org/firefox/addon/anonymox/

Dieses Add-on erlaubt es Ihnen, Ihre IP-Adresse für Webseitenaufrufe zu wechseln (was das genau bedeutet, wird ab Seite 317 erklärt). Dadurch erreichen Sie einen hohen Grad an Anonymität. Der Anbieter betreibt ein Netzwerk an Servern über deren IPs Ihre

---

[1] https://de.wikipedia.org/wiki/Domain_%28Internet%29

Webseitenaufrufe umgeleitet werden. Mit der kostenlosen Versi-on des Add-ons ist das Transfervolumen aber auf 500 MB pro Tag begrenzt und es wird ein wenig Werbung eingeblendet. Zudem ist die Geschwindigkeit deutlich reduziert (400 KBit/s), was sich durchaus negativ bemerkbar macht. Für die tägliche Nutzung stören die Einschränkungen zu sehr aber für die gelegentliche Anonymität reicht der Service eventuell schon aus.

Nach der Installation wird in der Symbolleiste das Symbol für das Add-on angezeigt und daneben die IP-Adresse mit Sie gerade im Web identifiziert werden können. Klicken Sie auf das Symbol, um die Einstellungen einzusehen:

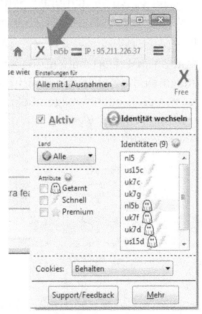

Mit Klick auf die Schaltfläche *Identität wechseln* können Sie sich mit einem anderen Server verbinden lassen und nutzen dann eine andere IP. Wenn Sie den Service gerade nicht benötigen und keine Anonymisierung wünschen, sondern mit Ihrer regulären IP-Adresse surfen wollen, dann können Sie die Anonymisierung ausschalten, in dem Sie das Häkchen bei *Aktiv* entfernen (und später wieder setzen, sobald Sie anonym sein wollen).

Ein Manko gibt es bei diesem Add-on: Auch wenn der Service nicht aktiv ist, werden Daten an den Betreiber des Add-ons geschickt. Um dies zu verhindern, empfiehlt es sich, das Add-on im Add-on Manager von Firefox richtig zu deaktivieren und nur bei Bedarf dort auch wieder zu aktivieren und dann den Service auf Aktiv zu stellen. Leider ist dafür jedes mal ein Neustart des Browsers notwendig, der aber recht zügig geht und nur auf diese Weise werden keine Daten gesammelt, wenn Sie dies nicht wollen.

NoScript Security Suite

https://addons.mozilla.org/firefox/addon/noscript/

JavaScript ist eine Programmiersprache, die vor allem dazu dient, Inhalte auf einer Webseite dynamisch zu verändern und dadurch komfortabler oder optisch gefällig zu machen etc. Wie jede Programmiersprache kann sie aber auch dafür genutzt werden, Ihnen Schaden zuzuführen. Mit JavaScript läßt sich Schadcode auf Ihrem Rechner ausführen, der nicht nur Daten sammelt, sondern auch wie ein Virus agiert. Noch schlimmer ist übrigens die Variante JScript[1] von Microsoft, die im Internet Explorer zum Einsatz kommt. JavaScript unterstützt keine Befehle, die mit den gleichen Zugriffsechten laufen, wie lokal bei Ihnen installierte Programme oder die direkt auf Ihr Dateisystem zugreifen können. Bei JScript gibt es aber beispielsweise die Möglichkeit, ActiveX-Controls anzusprechen (die einmal von einer Webseite auf den Rechner geladen), die gleichen Rechte wie ein lokal installiertes Programm besitzen. Ein weiterer Grund, den IE nicht zu benutzen.

---

[1] https://www.bsi.bund.de/DE/Themen/Cyber-Sicherheit/Themen/
Sicherheitsvorfaelle/AktiveInhalte/definitionen/javascript.html

Die gängige Sicherheitsempfehlung ist daher, JavaScript im Browser auszuschalten. Das ist zwar richtig aber nicht praktikabel. Wohl keine (relevante) Webseite kommt ohne derartige aktive Inhalte mehr aus. Es gäbe zwar Alternativen, die von den Webentwicklern aber meistens nicht genutzt werden, da sie aufwendiger sind und nicht so schicke Ergebnisse produzieren. Also müssen Sie einen Kompromiß eingehen. Mit dem Add-on NoScript haben Sie eine gute Kontrolle über das, was geht und was nicht.

Nach der Installation verhindert NoScript zuerst einmal die Ausführung aller Scripte und Plug-Ins. Das ist zwar gut für die Sicherheit aber verhindert auch auf den meisten Webseiten die Nutzung derer. Wenn Sie wenig surfen und dabei so gut wie immer die gleichen Seiten besuchen, dann können Sie die Blockadehaltung beibehalten und peu à peu die von Ihnen besuchten Webseiten in eine Whitelist (Positivliste) eintragen. In dieser Liste aufgeführte Webseiten gelten als vertrauenswürdig und ihnen wird die Ausführung von Scripten etc. gestattet.

1. Wenn Sie eine Seite besuchen, die ein Script ausführen will, hindert NoScript sie daran und informiert Sie am unteren Bildschirmrand.

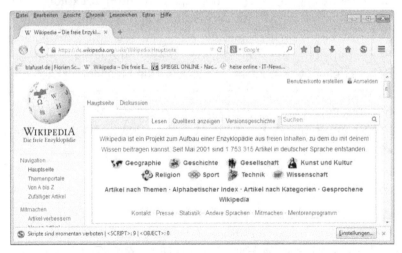

2. Wenn Sie die Blockade aufheben oder anpassen wollen, dan klicken Sie unten links auf *Einstellungen*.

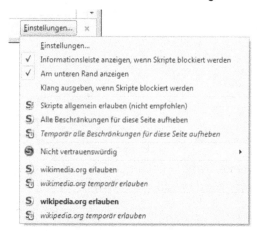

3. Um die Seite (bzw. die ganze Domain[1]) in die Liste der erlaubten Webseiten aufzunehmen, klicken Sie auf *<Domainname> erlauben* (im Beispiel: *wikipedia.org erlauben*). Eventuell gibt es diesen Eintrag mehrmals und Sie müssen diesen Schritt für alle vorhandenen Einträge wiederholen. Die Webseite wird eventuell zwischendurch neu geladen. Das liegt daran, daß verschiedene Skripte von verschiedenen Sub-Domains eingebettet sind.

4. Sie können auch *<Domainname> temporär erlauben* wählen. Dann dürfen Skripte dieses mal ausgeführt werden, werden aber bei der nächsten Browsersitzung wieder blockiert.

5. Sie können die Domain aber auch auf eine Blacklist (Negativliste) verbannen und so dafür sorgen, daß Skripte nie ausgeführt werden und Sie dazu auch nicht mehr gefragt werden. Gehen Sie dazu in das Untermenü *Nicht vertrauenswürdig* und wählen Sie die Domain aus. Wenn Sie später

---

[1] https://de.wikipedia.org/wiki/Domain_%28Internet%29

der Seite doch noch Ihr Vertrauen aussprechen wollen, können Sie dies über die Einstellungen, die sich öffnen, wenn Sie in der Symbolleiste auf das Symbol von NoScript klicken.

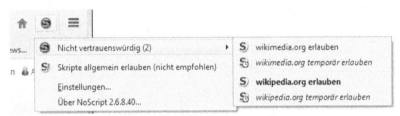

6. Über dieses Symbol gelangen Sie auch zu den weiteren *Einstellungen* für das Add-on.

7. Auf der Registerkarte *Positivliste* finden Sie die Domains, die Sie freigegeben haben und einige Vordefinierte Sites. Sie können die Liste bearbeiten und Einträge anklicken und dann entfernen, wenn Sie die Berechtigung zum Ausführen von Skripten ohne Nachfrage zurückziehen wollen.

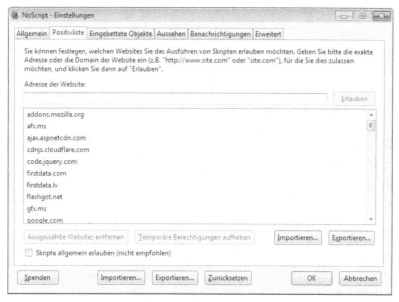

8. Wenn Sie die Option *Skripte allgemein erlauben* aktivieren, dann werden Skripte auf allen Webseiten zugelassen. Diese Option bringt natürlich wieder das Risiko zurück, daß mit JavaScript Unfug angestellt wird. Wenn Sie aber täglich viel im Web auf verschiedenen Seiten surfen, nervt es vermutlich irgendwann doch, wenn Sie für jede Seite die Ausführung (temporär) erlauben müssen.

9. Auf der Registerkarte Eingebettete Objekte definieren Sie zusätzliche Einschränkungen für Seiten, die nicht vertrauenswürdig sind. Die hier aufgeführten Funktionen haben nichts mit JavaScript zu tun, stellen aber ebenfalls potentielle Schwachstellen dar und bei fragwürdigen Seiten, ist es ratsam, diese auch nicht auszuführen.

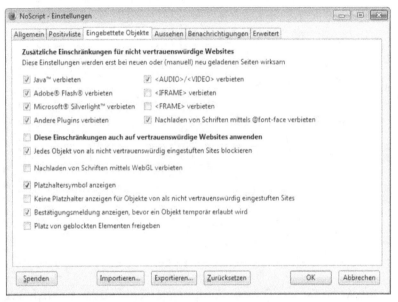

Zusätzlich versucht das Add-on auch noch, Sie vor dem sogenannten Clickjacking[1] zu schützen. Dabei[2] wird über eine vermeintlich harmlos aussehende Seite per JavaScript eine unsichtbare Ebene gelegt. Wenn Sie dann mit der Maus auf eins der sichtbaren Elemente auf der Webseite unter dieser Ebene klicken wollen oder Tastatureingaben tätigen, arbeiten Sie tatsächlich aber auf der unsichtbaren Ebene. Auf diese Weise ist es möglich, Formulardaten abzugreifen (zum Beispiel Anmeldedaten) oder Sie nehmen unbemerkt Systemeinstellungen vor, die Sie sonst niemals durchführen würden.

---

[1] https://de.wikipedia.org/wiki/Clickjacking
[2] http://www.sectheory.com/clickjacking.htm

　　　　　　　　　　　　　　　Quis custodiet custodes?

Random Agent Spoofer

https://addons.mozilla.org/firefox/addon/random-agent-spoofer/

Ihr Browser meldet jedem Server von dem Sie eine Webseite abrufen, einen Text, der als User Agent bezeichnet wird, in dem drin steht, wie der Browser heißt, welche Version und welches Betriebssystem Sie benutzen. Zum Beispiel:

```
Mozilla/5.0 (Windows NT 6.1; WOW64; rv:31.0)
Gecko/20100101 Firefox/31.0
```

Im Prinzip geht das den Server (und damit den Anbieter der Webseite) nichts an. Immerhin kennt er so nicht nur Sie ein bißchen besser, sondern er weiß auch gleich, welche Software für Sie interessant sein könnte (Windows oder Macintosh usw.). Würde es sich um eine Webseite handeln, die Viren verbreitet, dann kann gleich probiert werden, den zu Ihrem System passenden Virus zu installieren.

Ein weiterer Schritt zu Anonymisierung wäre also, diese Information entweder zu verheimlichen oder zu verschleiern (engl.: spoofing). Es gibt eine Vielzahl an Add-ons, die genau das machen. Manche entfernen die Angabe einfach, andere setzen sie auf einen anderen Wert und gaukeln so einen anderen Browser etc. vor. Der Random Agent Spoofer bietet die Möglichkeit, zufällig zwischen verschiedenen Agent-Angaben zu wechseln.

Nach der Installation müssen Sie eigentlich nichts weiter einstellen. Sie können aber auf das Symbol in der Symbolleiste klicken und wählen, welche Browser vorgegaukelt werden sollen und wie und wann zwischen den Angaben gewechselt wird. Günstig ist, nur die Angaben von Desktop Browsern zu senden (*Random (Desktop only)*)und diese zufällig zu wechseln (*Change random profile...Random*).

Persönlich halte ich die Verschleierung des User Agents nicht für sinnvoll. Viel zu viele Webseiten arbeiten nämlich mit dieser Information, um die Darstellung der Seite an den Browser anzupassen. Das ist programmiertechnisch gesehen Unfug und schlechter Stil aber es läßt sich nicht ändern. Wenn Sie beispielsweise einen Internet Explorer vorgaukeln, werden andere (harmlose) Befehle benutzt, um die Seitengestaltung zu kontrollieren und Ihr Firefox Browser zeigt die Seite eventuell völlig falsch und unlesbar an. Ebenso nervig sind Webseitenbetreiber, die es all zu gut meinen und mir dann einreden wollen, ich hätte einen veralteten Browser oder nicht den "optimalen".

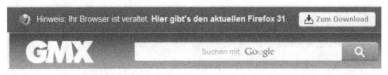

Quis custodiet custodes?

Beef Taco

https://addons.mozilla.org/de/firefox/addon/beef-taco-targeted-advertising/

Werbung im Internet ist erfolgreicher, wenn sie personalisiert wird. Wenn der Anbieter weiß, wofür Sie sich interessieren und wofür nicht, kann er ihnen maßgeschneiderte Verlockungen bieten. Das ist eigentlich nicht weiter verwerflich. Warum sollte der teure Werbeplatz für eine Anzeige verschenkt werden, bei der die Wahrscheinlichkeit hoch ist, daß Sie diese ignorieren werden? Andererseits kann es natürlich sein, daß Sie dadurch gerade nicht auf neue Konsumideen kommen. Vielleicht interessieren Sie sich gerade als Frau für Männerpotenzpillen?

In den USA gibt es die Möglichkeit, sich gegen diese personalisierte Werbung auszusprechen. Die Werbewirtschaft hat sich einer Selbstverpflichtung unterworfen, bei der die teilnehmenden Unternehmen den Surfern die Möglichkeit bieten, aktiv sich gegen diese Werbeform auszusprechen. Wenn Sie dies machen, erhalten Sie zukünftig zwar genau so viel Werbung aber diese wird nicht mehr auf Basis Ihres Profils für Sie zugeschnitten sein. Leider gibt es bisher keine allgemeine Einstellung hierzu und in anderen Ländern wird die Option auch nicht benutzt.

Für das sogenannte Opt-out müssen Sie bei jeder Webseite, die die Opt-out Funktion unterstützt, einen Cookie einrichten. Das Problem ist nur, daß Sie als kritischer Surfer vermutlich eingestellt haben, daß alle Cookies spätestens beim Schließen des Browsers gelöscht werden sollen (vgl. Seite 218). Beim nächsten Browserstart nehmen Sie dann wieder an der personalisierten Werbung teil. Für Firefox gibt es aber inzwischen mehrere Add-ons, die diese Cookies deshalb automatisch immer wieder neu einrichten – und das gleich für mehr als einhundert Webseiten.

Nach der Installation werden Sie das Add-on nicht weiter bemerken. Lediglich wenn Sie einen Blick in die Liste mit den vorhandenen Cookies werfen, werden Sie dort die vielen Opt-out Cookies sehen.

Anzumerken sei noch folgendes: Diese Opt-out Funktion ist zweischneidig und schützt Sie in keiner Weise vor dem eigentlichen Problem. Zum einen sind Sie durch die gesetzten Cookies für die Webseitenbetreiber leichter zu identifizieren, denn die wenigstens Anwender werden diese Möglichkeit kennen oder nutzen. Da die meisten Werbetreiber gleich mehrere Server betreiben, ist es für die ein leichtes zu erkennen, daß Sie nicht nur bei einem einzelnen Anbieter sich gegen personalisierte Werbung ausgesprochen haben, sondern bei vielen (vgl. S. 234). Außerdem verhindert die Funktion keine Werbung. Sie bekommen lediglich keine personalisierten Anzeigen mehr.

Das Hauptproblem wird damit aber in keiner Weise bekämpft: Die Firmen sammeln trotzdem alles an Daten über Sie, was sie nur können und werten diese Daten auch weiterhin intern aus und nutzen das Wissen für alle Prozeßabläufe. Sie bekommen nur eine einzige der daraus gewonnenen Erkenntnisse nicht zu Gesicht: die Werbung. Ob Sie kreditwürdig sind, wie hoch Ihre

Versicherungsbeiträge sind oder welchen Preis Sie für einen Artikel zahlen sollen usw., wird weiterhin auf Basis der über Sie gesammelten Daten berechnet.

9.3 Firefox Plugins

Ähnlich wie Add-ons dienen Plugins dazu, den Browser um Funktionen zu erweitern. Plugins sind nichts anderes als ein Programm auf Ihrem Computer, welches zusätzlich über eine Schnittstelle mit dem Browser verbunden ist, so daß Daten zwischen beiden ausgetauscht werden können. Zu den verbreiteten Vertretern gehört der Flash Player. Viele Webseiten möchten Animationen und interaktive Elemente anbieten. Das ist zwar auch mit anderen Mitteln möglich, aber Flash der Firma Adobe bietet viele praktische Möglichkeiten, so daß sich das Format fast zu einem Standard entwickelt hat.

Schon ein neu installierter Firefox bringt zwei Plugins mit: Adobe Acrobat und Schockwave Flash. Haben Sie MS Office installiert, gibt es auch noch hierfür ein Plugin. Verwalten können Sie die installierten Plugins genauso wie Add-ons (ab Seite 232): geben Sie in der Adreßzeile "about:addons" ein oder öffnen Sie *Menü/Add-ons* bzw. Extras/Add-ons und wechseln Sie in die Rubrik Plugins.

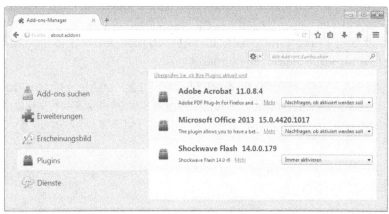

Zuerst einmal können Sie hier sehen, welche Erweiterungen installiert sind und ggf. schon mal einfach ein paar davon ausschalten. So brauchen Sie die zwei Plugin für Acrobat und Office eigentlich gar nicht. Auch ohne diese können Sie PDFs (Acrobat) betrachten, wenn Sie (wie es wohl auf jedem PC der Fall sein wird) den Acrobat Reader[1] installiert haben. Wenn nicht, können Sie ihn kostenlos herunter laden und installieren. Das PDF wird dann zwar nicht wie beim Plugin innerhalb des Browsers gezeigt, sondern in einem separaten Fenster des Readers, aber das ist auch schon der ganze Unterschied. Das Microsoft Plugin ist überflüssig und gefährlich.

Office Dokumente aus dem Web sollten Sie niemals mit einem Microsoft Produkt ansehen und sie haben auch nichts im Web verloren. Office Dokumente sind proprietär. Wer ein Dokument verbreiten will, sollte dazu ein freies Format oder PDF benutzen. Außerdem können MS Office Dokumente aktive Inhalte enthalten, die nicht selten von Hackern und Virenautoren genutzt werden. Möchten Sie dennoch ein Office Dokument aus dem Internet öffnen (vor allem auch solche, die Sie per E-Mail erhalten haben), dann benutzen Sie unbedingt ein Programm, welches die gefährlichen Inhalte nicht ausführen kann. Dazu gehören die freien Office Anwendungen wie LibreOffice[2] oder OpenOffice[3]. Alternativ können Sie von Microsoft auch kostenlose eigenständige Viewer[4] Programme herunter laden und installieren, wenn Sie die Microsoft Office Programme nicht installiert haben, um die Dokumente gefahrlos betrachten zu können.

Um ein Plugin zu deaktivieren, klicken Sie rechts neben dem Namen auf die Schaltfläche. Dort können Sie dann wählen, ob und wann das Plugin gestartet werden soll. Mit *Nie aktivieren*, wird

---

[1] http://www.adobe.com/products/reader.html
[2] https://de.libreoffice.org/
[3] http://www.openoffice.org/de/
[4] http://www.microsoft.com/de-de/search/DownloadResults.aspx?
    q=office%20viewer

Quis custodiet custodes?

das Plugin im Grunde ausgeschaltet. Plugins, die potentiell gefährlich sind aber vielleicht doch mal von Ihnen benötigt sind, können Sie auf *Nachfragen* stellen. In dem Fall werden Sie beim surfen gefragt, ob Sie der Ausführung zustimmen, wenn eine Webseite einen Inhalt anbieten will, der mit dem Plugin dargestellt werden kann. *Immer aktiv* ist dann sinnvoll, wenn das Plugin auf vielen Webseiten benötigt wird. Das ist zum Beispiel für Flash der Fall (auch wenn dadurch prinzipiell ein Sicherheitsrisiko besteht). Besser ist es aber, wenn Sie jedesmal gefragt werden. Auch wenn viele Webgestalter meinen, Flash für viele unnötige Gimmicks einsetzen zu wollen, so kann oft auf die Ausführung verzichtet werden. Vielleicht verpassen Sie dadurch ein wenig nervig blinkende Werbung und die eine oder andere schicke Animation. Aber sie sind auf jeden Fall besser geschützt. Sollte auf einer Seite dann doch einmal ohne Flash gar nichts gehen oder Sie haben das Gefühl, etwas zu verpassen, können Sie das Add-on jederzeit direkt auf der Webseite temporär aktivieren.

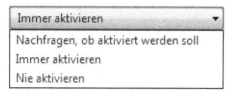

Um ein Plugin wirklich vom Computer zu löschen, können Sie schauen, ob es ein eigenes Deinstallationswerkzeug bietet. Dies finden Sie in der Systemsteuerung bei *Programmen und Funktionen*. Hartnäckige Fälle, die sich besser verstecken, können dann nur noch händisch[1] mit etwas Aufwand gelöscht werden.

Auf jeden Fall sollten Sie für die installierten Plugins regelmäßig (etwa einmal pro Woche) prüfen, ob es kein Update gibt. Heutzutage bringen die Hersteller mehr Updates heraus, um Sicherheitslücken zu schließen, als neue Funktionen zu implementieren.

---

[1] https://support.mozilla.org/de/kb/fehlerbehebung-bei-plugins#w_plugin-hacndisch-deinstallieren

Viele Plugins prüfen automatisch, ob es ein Update gibt. Sie können dies aber auch manuell anstoßen.

1. Geben Sie in der Adreßzeile "about:addons" ein oder öffnen Sie Menü/Add-ons bzw. Extras/Add-ons und wechseln Sie in die Rubrik Plugins.

2. Klicken Sie oben auf den Link *Überprüfen Sie, ob Ihre Plugins aktuell sind*.

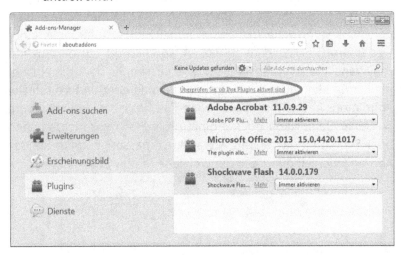

3. Es wird ein neuer Tab geöffnet, in dem eine Seite von Mozilla geladen wird, die für alle aktiven Plugins prüft, ob die bei Ihnen installierte Version aktuell ist. Zu beachten ist, daß nur die Plugins geprüft werden, die immer aktiv sind oder vom Browser aktiviert werden können (*Nachfragen*).

4. Damit die Überprüfung funktioniert, muß die Ausführung von JavaScript[1] möglich sein. Haben Sie ein Add-on wie NoScript installiert, dann geben Sie JavaScript bitte für diese Seite frei. Sollte die Webseite keinen Statusbericht für Ih-

---

[1] http://praxistipps.chip.de/javascript-in-firefox-abschalten-so-funktionierts_12128

re Plugins liefern, liegt es wahrscheinlich daran, daß JavaScript nicht ausgeführt werden kann.

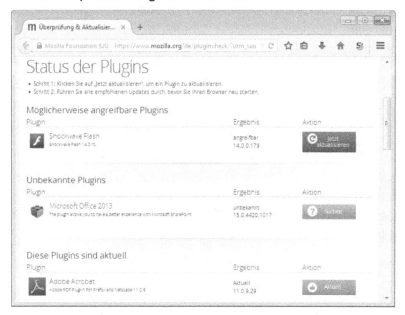

5. Je nach Resultat, können Sie auf den farbigen Button klicken, um nach dem Plugin zu suchen oder direkt zur Webseite des Herstellers zu gelangen, auf der Sie dann das Update finden, herunter laden und installieren können (das
funktioniert je nach Anbieter unterschiedlich).

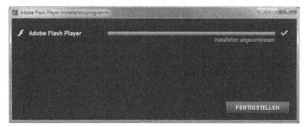

9.4 Ihr Habitus

Viel für Ihre Anonymität können Sie allein schon durch Ihr Verhalten (im Web) beeinflussen. Legen Sie Datensammlern keine Spur

aus Brotkrümeln zu Ihrem vollständigen Persönlichkeitsprofil, sondern legen Sie ihnen Steine in den Weg. Jeder Informationshappen, den Sie preisgeben, ist für sich genommen i. d. R. harmlos und unbedeutend. In der Summe formen sie aber ein Gesamtbild Ihres Selbst und verraten mehr, als Ihnen vielleicht lieb ist. Aus welchem Grund sollen die Anbieter im Web mehr über Sie erfahren, als unbedingt notwendig ist? Nur weil die Begehrlichkeiten seitens der Datenerheber groß sind, bedeutet das ja nicht, daß Sie diese befriedigen müssen. Eine New Yorker Künstlerin machte deutlich, wie naiv die meisten Menschen mit vertraulichen Informationen umgehen und für wie wenig diese Leute breit sind, intimste Daten wildfremden Datensammlern preisgeben: Ein selbstgebackener Keks[1] genügte für die E-Mail-Adresse, Telefonnummer, Autokennzeichen, Fingerabdrücke oder auch ein Foto.

Eins der Probleme beim hinterlassen der vielen kleinen Datenschnipsel quer durch das WWW ist, daß dabei zwar ein sehr umfangreiches Bild von Ihnen entsteht, dieses aber dennoch unvollständig ist und nur ein paar Aspekte Ihres komplexen Lebens abbildet. Noch findet das Leben nicht im virtuellen Raum statt. Was Sie offline machen, wird zwar auch erfaßt (Kreditkarendaten, Kundenbindungssysteme wie Payback usw.) aber auch dort bleiben (aus Sicht der Datenkraken unschöne) Lücken. Videoüberwachung wird stets als Allheilmittel gegen Kriminalität angepriesen. Aber welches Bild entsteht, wenn die Kamera Sie beobachtet, wie Sie eine Brieftasche auf dem Gehweg finden und sie einstecken? Was bedeutet es, wenn Sie im Internet ein Buch über Wege aus der Drogensucht kaufen?

Daß Sie die Brieftasche im Fundbüro abgegeben haben, zeigt die Videoaufzeichnung nicht. Wer das Videomaterial sieht, welches genau so unvollständig ist, wie die Datenspuren, der denkt, Sie sind ein unredlicher Mensch. Nicht Sie konsumieren Drogen, son-

---

[1] https://heise.de/-2411749

Quis custodiet custodes?

dern Sie wollen sich informieren, wie Sie einem Freund helfen können.

Wäre es nun besser, auf alle "Geheimnisse" und Anonymität zu verzichten? Wenn überall Videokameras zur Überwachung angebracht sind, könnte man vielleicht sehen, wie Sie die Fundsache abgeben. Vorausgesetzt jemand macht sich die Mühe, das "ganze Bild" zu betrachten. Sind genügend andere Informationen über Sie vorhanden, wird klar, daß Sie nicht Drogensüchtig sein können, sondern Ihr Interesse anders motiviert ist. Aber geht das überhaupt jemanden etwas an? Basieren unsere Kultur und unser Umgang mit anderen Menschen nicht auch auf Vertrauen? Wenn man alles über jeden wissen kann, wird es dann nicht langweilig? Es gibt nichts mehr zu entdecken, keine angenehmes kribbeln, etwas oder jemanden unbekanntes kennen zu lernen. Das Leben wird dann nur noch davon bestimmt sein, daß man mehr wissen will und immer das Gefühl hat, nicht genug zu wissen, etwas verpaßt hat und übersehen hat, anstatt sich überraschen zu lassen. Wenn Sie genau wissen, wie das Wetter am Wochenende wird und Sie Ihren Ausflug darauf auslegen, nur bei strahlendem Sonnenschein zu fahren, werden Sie nie erleben, wie romantisch ein Regen sein kann, der sie überrascht und Sie zur spontanen Suche nach Schutz unter einem Baum treibt, von wo Sie dann einen Regenbogen sehen und die Kinder durch die Pfützen hüpfen.

Anmeldedaten fälschen

Ein immer mehr um sich greifendes Phänomen ist, daß man sich für alle möglichen Dinge anmelden soll. Sie wollen ein Eintrittsticket für eine Messe Online kaufen? Sie wollen eine kostenlose Software legal herunter laden? An einer Umfrage oder einem Gewinnspiel teilnehmen? Online daten? Wozu sollte der Anbieter Ihre Adresse oder Ihre Telefonnummer, gar Ihr Geburtsdatum wissen müssen? Es gibt keinen vernünftigen Grund aus Ihrer Sicht für diese Interessen. Für die Anbieter ist die Sache klar: Mit den Daten kann man Geschäfte machen: die Daten lassen sich verkaufen, für Werbung nutzen und verknüpfen.

Wann immer es praktikabel ist, geben Sie falsche Daten an. Denken Sie sich etwas völlig abstraktes aus oder variieren Sie einfach Ihre echte Adresse so, daß die Eingaben keine Rückschlüsse mehr zulassen. Sollen die Daten für eine Personalisierung genutzt werden (z. B. eine nichtübertragbare Eintrittskarte), dann geben Sie Ihren Vor- und Nachnahmen in falscher Reihenfolge an (also den Nachnahmen im Feld für den Vornahmen usw.). Die Adresse kann dennoch falsch sein – immerhin können Sie ja zwischen der Bestellung und der Benutzung der Eintrittskarte umgezogen sein oder haben sich "ganz aus versehen" vertippt etc. Glauben Sie wirklich, ebay will bei Ihnen anrufen, um sich mit Ihnen über irgend etwas Sinnvolles zu unterhalten? Und wenn doch, dann können sie immer noch eine E-Mail oder einen Brief schicken. Das alles ist legal[1]. Der Webseitenbetreiber kann da zwar was gegen haben und in seinen Nutzungsbedingungen gegen wettern, aber was soll er machen? Benutzen Sie nicht Ihren echten Namen als Pseudonym für einen Mitgliedsnamen in einem Forum o. ä. Wenn Sie schon Ihr Geburtsdatum angeben wollen (zum Beispiel in einer Singlebörse, damit potentielle Partner aus Ihrer Altersgruppe gefunden werden können), dann verzichten Sie auf die Angabe des richtigen Tages und Monats. Auch beim Jahr können Sie um eins schummeln, denn wen interessiert's ob Sie dieses eine jünger oder älter sind? Überlegen Sie sich bei allen Angaben immer, ob sie wirklich relevant sind und präzise sein müssen.

Beim Online Shopping ist es auch nicht notwendig, sich überall anzumelden. Wenn der Shop es anbietet, dann bestellen Sie nur als Gast und ohne Eröffnung eines Kundenaccounts. Nur wenn Sie bei dem Shop öfter bestellen wollen, lohnt sich ein Account,

---

[1] http://dejure.org/dienste/vernetzung/rechtsprechung?Text=5%20Ss%20347%2F08&Suche=Hamm%2C%205%20Ss%20347%2F08

Quis custodiet custodes?

damit Sie nicht jedes mal aufs Neue Ihre Daten einzugeben brauchen.

Accounts löschen

Löschen Sie gelegentlich Ihre Benutzerkonten oder nutzen Sie sie einfach nicht mehr. Wenn Sie jahrelang sich immer mit dem gleichen Account bei einem Anbieter anmelden, dann kann dieser natürlich Ihr von Ihm erstelltes Profil immer mehr verfeinern. Helfen Sie ihm nicht auch noch dabei. Nichts hindert Sie daran, bei ebay oder Amazon usw. einmal im Jahr einen neuen Account anzulegen. OK, es ist mit etwas Aufwand verbunden, wenn Amazon dann bei der ersten Bestellung 'rumzickt und kein Lastschriftverfahren anbietet, sondern auf Kreditkartenzahlung oder Vorauskasse besteht. Oder wenn ebay Ihnen dann wieder per Postkarte oder SMS einen Sicherheitscode zuschicken muß. Privatsphäre rechtfertigt diesen Aufwand.

Am besten, Sie löschen auch aktiv Ihren alten Account beim Anbieter und lassen ihn nicht einfach nur ungenutzt ruhen. Leider ist das oft gar nicht so einfach, denn das will ja kein Datensammler. Wenn Sie die Funktion nicht beim Anbieter finden, dann suchen Sie einfach mal per Google nach "Account löschen Anbietername". Da finden Sie bestimmt den passenden Link. Die großen Datenkraken werden Ihnen dann mitteilen, daß Ihr Konto erst in Wochen oder gar Monaten gelöscht werden kann, weil da noch offene Dinge zu klären sind. Was auch immer die als Ausrede finden, Sie haben aktiv alles unternommen, um das Konto zu löschen und haben ein Recht darauf, daß der Anbieter dann auch die Daten löscht.

Jammern Sie nicht, weil dann bei ebay Ihr gerade so toll hochgeschraubter Bewertungszähler wieder bei Null steht. Den interessiert eh keiner. Wenn Sie Dinge selber kaufen, dann bekommen Sie sicher bald wieder ein paar Bewertungen. Und wenn Sie selber verkaufen, dann kümmert es die meisten Käufer auch nicht, wie hoch die Zahl ist. Sie sind doch ein zuverlässiger Verkäufer –

also werden Sie auch da wider gute Kommentare einfahren. Und ganz nebenbei umgehen Sie mit einem niedrigen Zählerstand auch noch dem Finanzamt und einer gewerblichen[1] Tätigkeit.

ebay Bewertungen

Eben ging es schon um Bewertungen (Kommentare/Feedbacks) bei ebay. Geben Sie die auch immer fleißig ab? Für chinesische und deutsche Großhändler mit einer Zahl an Kommentaren jenseits der Zehntausend? Denen wird das echt wichtig sein, ob Sie da auch noch Ihren Senf schreiben, wie toll der ebayer doch ist und was das für ein Shoppingerlebnis war. Quatsch mit Soße! Die einzigen die davon profitieren sind Datensammler. Es gibt sogar einige penetrante ebayer, die einen mit Spam belästigen, wenn man keine Bewertung abgibt. Können Sie gerne haben: negative Bewertung mit passendem Kommentar (aber bitte nichts beleidigendes, falsches oder anderweitig illegales).

Normalerweise kann ein Außenstehender nicht sehen, was Sie verkauft haben. Das ändert sich aber, sobald Sie eine Bewertung abgeben. Schon peinlich genug kann es sein, wenn bekannt wird, was Sie gekauft haben bzw. wo Sie eingekauft haben. Ein einfaches Szenario: Sie kaufen und verkaufen fleißig bei ebay und geben Bewertungen ab und erhalten welche. Jeder kann sehen, wo Sie gekauft haben und welche Artikel Sie verkauften. Dazu braucht derjenige nur auf Ihr Bewertungsprofil aufzurufen (durch anklicken der Zahl hinter Ihrem ebay-Namen).

---

[1] http://www.internetrecht-rostock.de/abmahnung-privatverkauf-ebay.htm

Quis custodiet custodes?

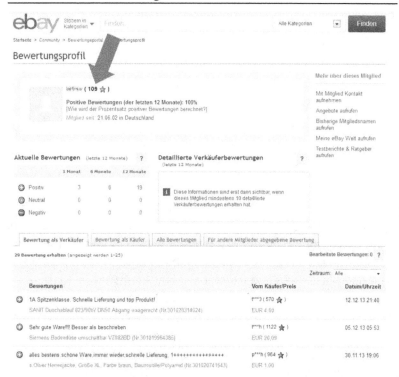

Geht es andere ebayer etwas an, was Sie verkaufen? Wollen Sie wirklich, daß ein Typ, der bei Ihnen etwas gekauft hat, weiß, daß Sie auch etwas anderes verkauft haben (zum Beispiel Ihre kitschigen Liebes-Schnulzenromane?).

Nicht ganz so einfach ist es, heraus zu bekommen, was Sie hingegen über ebay eingekauft haben. In der Liste der Bewertungen für Sie als Käufer steht nämlich nicht drin, was Sie gekauft haben. Aber oft genug reicht es ja schon zu wissen, wo Sie gekauft haben.

Bewertungen	Von Verkäufer	Datum/Uhrzeit
Top Ebayer !! gerne wieder !!	eden-09 (393 ☆)	13.08.14 18:27
Superschnelle Überweisung, alles Bestens, vielen Dank !!!	allesfuerbadundheizung (17577 ☆)	08.08.14 09:00
Vielen Dank für die prompte Zahlung. Die-LED	die-led (13494 ☆)	03.08.14 22:12
Komplikationslose Abwicklung. Gerne wieder.	hotzenplotz8 (2337 ★)	20.06.14 15:38
Alles super,Danke!!!	zweer1010 (411 ☆)	10.06.14 04:16
Quick response and fast payment. Perfect! THANKS!!	fleur digital (140375 ★)	02.06.14 21:34

Viele Anbieter benutzen einen selbstredenden ebay-Namen. "sex-shop", "erotikversand", "medi-versand" usw. sind Namen, bei denen die Phantasie schnell angeregt wird und man sich ausmalen kann, was Sie dort erworben haben könnten. Und jeder Ihrer ehemaligen Geschäftspartner bei ebay kennt Ihren Klarnamen inkl. Adresse. Vielleicht lohnt es sich ja, Ihre Frau über Ihre Vorlieben zu informieren? Oder der noblen Villengegend in der Sie leben einen Besuch abzustatten, um zu sehen, ob Ihr Einkauf beim Edel-Hifi-Versender noch im Wohnzimmer steht? Aber auch abseits krimineller Pfade sind diese Informationen schon peinlich genug und gehen eigentlich niemanden etwas an.

Quis custodiet custodes?

Und glauben Sie, daß niemand rauskriegen kann, was Sie gekauft haben? Nur weil ebay das nicht anzeigt. Dann haben Sie Big Data, Datamining und die Verknüpfung von kleinen Informationen zu einem großen Gesamtbild noch nicht ganz verstanden. Am 2.12.2013 kam es zu folgendem Kauf bei einem x-beliebigen ebayer:

Sie wollen wissen, was er gekauft hat? Dann brauchen Sie nur nach dem Kommentartext zu suchen. Zusammen mit dem Datum und der Anzahl an Bewertungen des Verkäufers (109), wird es nur wenige oder einen einzigen Treffer geben. Hier ist er:

Datum des Handels und Anzahl der Bewertungen (964) des (von ebay halbherzig anonymisierten) ebay-Namens stimmen überein und schon wissen Sie, welcher Artikel da den Besitzer gewechselt hat. Zusammen mit vielen weiteren Transaktionen ergibt sich ein interessantes Bild der Lebensgewohnheiten eines einzelnen Menschen.

Eine solche Suche wird zwar nicht von ebay oder den großen Suchmaschinen angeboten aber Sie ist machbar. Alle Daten, die Sie im Web ansehen können ohne sich vorher anzumelden, können Suchmaschinen finden und verknüpfen. Und nur weil Google diese Suche nicht unterstützt, heißt das ja nicht, daß Google diese Daten nicht selber erhebt und verknüpft.

Um sich ein wenig besser zu schützen, können Sie als erstes auf die Abgabe von Bewertungen verzichten. Als nächstes setzen Sie Ihr Bewertungsprofil auf den Status *privat*. Dazu müssen Sie sich anmelden und dann ins Bewertungsportal[1] wechseln. Dort finden Sie die Funktion zur Verwaltung[2].

Die Drohung, daß dann weniger Leute mit Ihnen handeln wollen ist Blödsinn: Jeder, der was verkaufen will, wird das auch weiterhin tun. Er geht ja kein Risiko ein, da Sie eh so gut wie immer Vorkasse leisten müssen. Problematischer ist es da schon mit dem Verkaufen. Das geht dann nicht von diesem Konto aus. Macht nichts: legen Sie einfach ein zweites ebay Konto nur für den Verkauf an. ebay hat da nichts dagegen (können Sie auch gar nicht) und unterstützt[3] das sogar. Und wenn Sie einmal im Jahr Ihre Konten schließen, dann findet man auch keine Historie all Ihrer Schandtaten der letzten zehn Jahre.

Wegwerf E-Mail

Die Prozedur mit dem Anmelden für banale Dinge läßt sich leider oft nicht vermeiden. Selbst wenn der Anbieter nicht gleich all Ihre Daten wissen will, eins wollen Sie alle: Ihre E-Mail-Adresse. Damit Sie die auch ja nicht falsch angeben, funktioniert die Anmeldung

---

[1] http://pages.ebay.de/services/forum/feedback.html
[2] http://feedback.ebay.de/ws/eBayISAPI.dll?FeedbackOption2
[3] http://pages.ebay.de/help/account/questions/second-account.html

(z. B. bei einem Diskussionsforum) oft in zwei Schritten: Nach der Eingabe der Daten bekommen Sie eine E-Mail mit einem speziellen Link. Diesen müssen Sie anklicken, um Ihr neu angelegtes Konto frei zu schalten. Dadurch stellt der Anbieter sicher, daß Sie eine korrekte E-Mail-Adresse angegeben haben und kann Sie in Zukunft mit Spam belästigen oder die Adresse für ein paar Cent zusammen mit anderen verkaufen. Dabei wollten Sie sich doch nur in dem Forum anmelden, um den einen Link sehen zu können, der Sie brennend interessiert, der aber nur für angemeldete Mitglieder sichtbar ist.

Nutzen Sie doch einfach Wegwerf Adressen. Im Web gibt es ohne Ende Anbieter von solchen Adressen. Auf der Webseite generieren Sie eine beliebige Adresse (oder der Anbieter macht das für Sie). Diese Adresse benutzen Sie für die Registrierung. Die Adresse ist (je nach Anbieter) ca. zehn Minuten lang gültig und verfällt anschließend automatisch (so daß es keinen kümmert, ob die Adresse verkauft oder mit Spam zugeschüttet wird). In der Zeit können Sie aber alle Nachrichten lesen, die an diese Adresse geschickt werden – so auch der Aktivierungslink etc.

Um einen Anbieter zu finden, suchen Sie einfach nach "temporary E-Mail" oder "wegwerf E-Mail". Da die Adreßsammler natürlich es nicht lustig finden, daß Sie sich wehren, werden immer wieder mal einige dieser Wegwerf-E-Mail-Anbieter auf die interne Schwarze Liste gesetzt. Bei der Registrierung heißt es dann, Sie haben eine falsche Adresse eingegeben oder so. Kein Problem: nutzen Sie einfach einen anderen Anbieter, es gibt genügend.

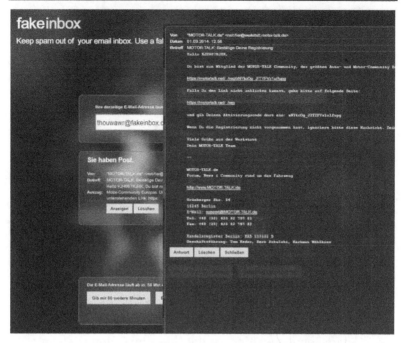

Eine weitere Möglichkeit, ungewollte E-Mails auszusortieren, bietet u. a. der Webmailer Yahoo an. Wenn Sie bei Yahoo-Mail ein E-Mail Konto anlegen, können Sie anschließend Wegwerfadressen generieren. Die benutzen Sie dann wie schon bei der gezeigten Methode für eine reine Wegwerfadresse: richten Sie die Adresse ein, benutzen Sie die Adresse für die Registrierung etc. und löschen Sie anschließend die Adresse. Jede weitere E-Mail an diese gelöschte Adresse landet im Nirwana (bzw. wird vom Mailprovider gar nicht zugestellt und gelöscht).

1. Melden Sie sich bei Yahoo-Mail[1] an bzw. registrieren Sie sich für ein neues Konto.

2. Im Mail Bereich klicken Sie dann auf das Zahnrad-Symbol, um das Menü zu öffnen und dort dann auf *Einstellungen*.

---

[1] https://mail.yahoo.com/

3. In der Rubrik *Sicherheit* finden Sie die Verwaltung der Wegwerfadressen.

4. Beim ersten mal müssen Sie einen "Basisnamen" wählen. Dieser ist beliebig und einfach ein Bestandteil der zukünftigen Adressen. Da diese Adressen ja nur für die Abwehr von Spam genutzt werden, ist der Name im Grunde belanglos.

5. Anschließend können Sie neue Adresse hinzufügen oder bestehende verwalten. Beim erstellen einer neuen Adresse können Sie jedes mal den Teil nach dem Basisnamen frei wählen.

Anonyme SMS empfangen

Den Trick mit den WegwerfE-Mailadressen kennen inzwischen so viele Leute, daß sich die Datensammler etwas neues ausgedacht haben, was noch viel besser ist, da sie auf dem Weg an noch wertvollere (im tiefsten monetären Sinn) Informationen kommen: Der Kontrollcode zum Abschließen der Anmeldung wird per SMS versendet. So sind Sie gezwungen, eine korrekte Telefonnummer (meistens die Handynummer) anzugeben. In Zeiten, in denen man Millionen von E-Mail-Adressen für wenige Dollar kaufen kann, stellen gültige Telefonnummern einen echten Schatz dar.

Es gibt zwar nicht ganz so viele Anbieter aber mit ein wenig suchen zum Beispiel nach " free sms receive" wird man fündig. Die Funktionsweise entspricht dann der einer Wegwerf-E-Mail: Sie wählen aus einer der verfügbaren virtuellen SIM-Karten eine Nummer aus und geben diese im Anmeldeformular an. Anschließend warten Sie, bis die Nachricht beim Serviceanbieter eingetrudelt ist und angezeigt wird.

Zu beachten ist dabei nur, daß (im Gegensatz zu den meisten Wegwerf-E-Mails), alle Nachrichten angezeigt werden, die an diese Nummer eingehen und diese Botschaften von allen Besuchern mitgelesen werden können. Je nach Absender kann die SMS Text beinhalten, den Sie vielleicht nicht hier sehen wollen (zum Beispiel Daten einer Online-Überweisung). Bei solch sensiblen Angeboten, sollte man vielleicht auf diesen SMS Service verzichten.

Nicht Googeln

Ob es nun "googlen" oder "googeln" heißt[1], sei mal dahinge-stellt. Aber gehören Sie auch zu denjenigen, die einfach alle Web-seiten über Google aufrufen? Das ist ja so praktisch und einfach, denn die Standardbrowsereinstellung verleitet einen ja auch dazu: Anstatt eine leere Seite zu zeigen (vgl. Seite 214), wird gleich Google aufgerufen, wenn Sie den Browser öffnen (es gibt sogar Leute, die schließen den Browser und öffnen ihn wieder, weil Sie nicht wissen, wie sie ansonsten zu dieser praktischen Seite kommen).

Dort geben Sie dann ein, wo Sie hinwollen. Zum Beispiel "ebay" oder "SPON" usw. Und Google bringt zeigt dann auch gleich das richtige an und Sie müssen nur noch drauf klicken. Toll. Soeben haben Sie mal wieder Ihr ganz persönliches und geheimes Profil bei Google gepflegt.

---

[1] http://heise.de/-2391805

Quis custodiet custodes?

Wenn Sie irgendwo hin wollen, von wo Sie wissen, wie die URL[1] (Uniform Ressource Locator, das ist die Angabe in der Adreßzeile) oder genauer[2] gesagt sogar die URI[3] (Uniform Resource Identifier) lautet, dann geben Sie diese doch auch einfach dort ein, wo sie hingehört: im Adreßfeld.

Und wenn Sie schon wissen, wo Sie hinwollen, dann doch vermutlich, weil Sie das schon mal waren und vielleicht auch später wieder hin wollen. Dann legen Sie sich doch ein Lesezeichen (Bookmark, Favorit) für die Seite an. Dann sparen Sie sich das ganze getippe. Wichtige Lesezeichen packen Sie in die Symbolleiste und weniger wichtige in das Lesezeichenmenü. Wie das alles funktioniert, können Sie nachlesen[4].

---

[1] https://de.wikipedia.org/wiki/Uniform_Resource_Locator

[2] http://t3n.de/news/url-uri-unterschiede-516483/

[3] https://de.wikipedia.org/wiki/Uniform_Resource_Identifier

[4] https://support.mozilla.org/de/products/firefox/get-started/bookmarks

---

Anstatt Google für die Suche von anderen (unbekannten) Webseiten zu nutzen, können Sie auch einmal einen alternativen Anbieter ausprobieren, die weniger oder gar keine Daten sammeln. Anbieter wie ixquick[1] oder DuckDuckGo[2] haben es sich zur Aufgabe gemacht, Ihre Privatsphäre zu schützen. Zugegeben: die Qualität der Suchergebnisse kommt teilweise nicht an die von Google heran – aber die Qualität erkaufen Sie ja auch teilweise durch Aufgabe Ihrer Privatsphäre.

Noch weniger Google

Google ist toll, smart und versteht mich und meine Bedürfnisse. Da gibt es die (wirklich hervorragend funktionierende) Suche, GMail, YouTube, Maps, Übersetzer, Kalender, Docs, Blogs, Books, Hangouts und noch so viel mehr. Für fast alle Belange hat Google eine Lösung im Angebot. Also wird es fleißig genutzt. Mit Google+ meldet man sich einmal an und schon steht einem die Vielfalt ganz kostenlos zur Verfügung.

Doch wieso ist das eigentlich alles kostenlos? Recht einfach: Google hat (wie andere auch) erkannt, daß mit zielloser Massenwerbung kein Geld zu verdienen ist. Ohne Inhalt ("Content")

---

[1] https://ixquick.de
[2] https://duckduckgo.com/

kommt keiner und schaut sich (nebenbei) die Werbung an. Während Zeitschriftenverleger, die Musik- und Videoindustrie, Medienanstalten noch jammern, daß das Web und die Mentalität der Verbraucher, alles müsse umsonst oder billig sein, Ihre Geschäftsmodelle aus dem vor-vorherigen Jahrhundert kaputt macht, handelt Google. Sie geben sich cool, anwenderfreundlich und bieten (fast) alles für umsonst an – der Nutzer ist herzlich eingeladen, all die Angebote so zu nutzen, wie er es will. Werbung gibt es so gut wie keine. Vor Jahren gab es sogar noch gar keine Werbung. Inzwischen haben wir uns daran gewöhnt, daß doch ein wenig eingeblendet wird. Aber nur bei der Suchmaschinen und nur dezent am Rand. Kein nervendes geblinke, keine Belästigung. Mit diesem bißchen Werbung macht Google sein dickes Geschäft – ganz unauffällig. Uns stört das nicht einmal, denn die Werbung ist nicht nur angenehm unaufdringlich, oft ist sie sogar interessant und irgendwie weiß Google genau, was ich will und ich klicke dankbar auf die Werbung, weil es genau das ist, was ich haben will. Für diese Werbeeinblendungen (und noch ein paar andere) läßt sich Google gut bezahlen. Inzwischen gibt es sogar ein Angebot, welches ausschließlich Werbung darstellt: Google Shopping. Alle Angebote die hier aufgelistet sind, stammen von Werbekunden. Früher konnte noch jeder Betreiber eines Online-Shops kostenlos dafür sorgen, daß Seine Artikel hier gefunden werden. Inzwischen muß für jede Einblendung und für jedes mal, wenn ein Besucher einen Artikel auch nur anklickt, bezahlt werden.

All das ist gar nicht verwerflich und im Grunde sogar ein cleveres System. Bleibt aber immer noch die Frage, warum bietet Google so vieles, wo gar keine Werbung zu sehen ist? Die erste Einschränkung muß lauten: Noch. So wie bei der Suchfunktion und bei Shopping, wird es auch bei anderen Angeboten kommen: irgendwann wird auch dort Werbung (dezent) eingeblendet.

Aber Google ist vor allem ein gigantischer Datenstaubsauger. Alles, was Sie auf einer Google-Seite machen, wird protokolliert, analysiert und zu Profilen zusammen getragen. Egal, was Sie machen, es dient Google dazu, besser zu werden. Und je besser das Angebot ist, desto mehr werden Sie es nutzen und um so mehr andere (neue) Nutzer auch, die sich alle Werbung anzeigen lassen.

Infam ist aber vor allem, daß Google all Ihre persönlichen Daten ausspäht. Wenn Sie Maps benutzen, um irgendwo hin zu kommen, einen Termin im Kalender eintragen, eine E-Mail[1] schreiben, ein Dokument Online bearbeiten und so weiter, schaut Ihnen Google dabei über die Schulter und schließt daraus seine eigenen Schlüsse. Die Werbung, die Sie als so treffend empfinden ist deshalb so zielgenau, weil Google Sie wirklich kennt und nicht nur im übertragenen Sinne. Sie selbst geben all diese Informationen über sich preis und haben jedes mal auch eingewilligt, daß Google in all Ihren Daten schnüffeln darf. Zusammen mit Ihren Fotos bei flickr, Ihren Postings bei Facebook usw. ergibt sich allumfassendes Bild.

Fragen Sie sich vielleicht, wen das interessiert? Soll Google doch wissen, wohin sie fahren und wen Sie wann treffen. Noch stört Sie das vielleicht nicht. Aber Google geht auch regelmäßig auf Shoppingtour und kauft weltweit Firmen auf. Irgendwann kaufen sie auch Versicherungen, Banken, Reiseunternehmen, Versandhäuser etc. Auf einmal gehört Ihre Krankenversicherung zum Google Konzern und somit stehen all die über Sie gesammelten Informationen der Versicherung zur Verfügung. Wollen Sie wirklich, daß die so genau wissen, wie Gesund Ihr Lebenswandel ist? Wollen Sie keinen Kredit mehr bekommen, weil Sie bei ebay schlechte Bewertungen erhalten haben? Finden Sie es befremdlich, daß Sie nur noch per Vorkasse beim Versandhaus einkaufen können, weil Sie in einer Gegend mit statistisch schlechter Zahlungsmoral wohnen? Wie wäre es mit einem Flugverbot, weil Sie sich zu oft mit dubiosen Ausländern verabredet haben? Das ist

---

[1] http://heise.de/-1935892

kein Science-Fiction, das ist schon heute gängige Praxis. Google und andere Datensammler verkaufen die gewonnen Informationen an Dritte, die daraus ganz eigene Schlüsse ziehen. "Scoring"[1] nennt die Branche das und keiner weiß, wie die Werte berechnet werden, woher die Daten genau stammen und man kann sich dagegen nicht zur Wehr setzen.

Sie können sich aber wenigstens dazu entscheiden, den Datensammlern das Leben nicht leichter zu machen und ihnen Ihre Daten freiwillig zum Fraß vorwerfen. Nutzen Sie Dienste von anderen Anbietern (E-Mail), bleiben Sie Offline (muß Ihr Kalender wirklich im Web stehen?), verschlüsseln Sie (E-Mail), speichern Sie keine Fotos im Web, machen Sie nur anonymisiert bei Facebook & Co. mit, schauen Sie sich Karten bei OpenStreetMap[2] an...

Shopping bei ebay und Amazon

Diese beiden Portale gehören sicher zu den bekanntesten Shoppingadressen. Je nach Saison und Werbung kommen noch einige andere wie Zalando, DocMorris oder Redcoon hinzu (die oft genug auch schnell wieder verschwinden, da es nicht ausreicht, ein erfolgreiches Konzept einfach zu kopieren). Für alle gilt das gleiche: kaufen Sie dort nicht ein. Na gut, das ist zu totalitär. Aber überdenken Sie beim nächsten mal Ihre Shopauswahl vielleicht wenigstens. Natürlich ist es praktisch und sicher, bei einem der großen Anbieter einzukaufen. Die Webseiten funktionieren reibungslos, einmal angemeldet, braucht man nicht immer wieder neu seine Daten einzugeben und der Service ist (meistens) auch sehr gut. Das Shopping ist zugegebenermaßen bequem und der Erfolg der Anbieter ist auch nicht grundlos. Es gibt auch Dinge, die kann man nur dort kaufen. Wenn Sie einen billigen chinesischen Wegwerf-Elektroartikel wollen, bei dem der Versand in

---

[1] https://de.wikipedia.org/wiki/Scoring
[2] http://www.openstreetmap.org/

Deutschland schon teurer wäre, als der ganze Artikel inkl. Versand aus Fernost kosten soll, dann beleibt nur ebay. Haben Sie Sie sich ein iPhone oder einen Kindle gekauft, weil das so hip ist, dann kommen Sie um AppleStore und Amazon nicht herum.

Aber müssen Sie ein Buch oder eine CD bei Amazon kaufen? Schauen Sie sich in aller Ruhe die (hilfreichen) Rezensionen bei Amazon an und werfen Sie einen "Blick ins Buch". Kaufen Sie dann aber beim Buchladen in Ihrer Stadt oder bei einem der vielen[1] anderen Webshops für Bücher. Dank Buchpreisbindung kostet ein neues Buch überall das gleiche und kostenlosen Versand bieten auch fast alle an. Im lokalen Geschäft können Sie das Buch (fast anonym) telefonisch bestellen und unabhängig von den Zustellzeiten des Paketdienstes abholen. Amazon ist nur selten billiger als die Konkurrenz. Natürlich glänzen sie mit einem guten Service. Aber in Deutschland können Sie als Verbraucher einen Artikel bei jedem Onlineshop innerhalb von 14 Tagen zurückgeben (Widerrufsrecht[2]). Die Schnelligkeit der Lieferungen bei Amazon und anderen Anbietern ist zwar teilweise erstaunlich, wird aber auf dem Rücken der Logistikbranche und deren Mitarbeitern ausgetragen. Und muß man wirklich am 24.12 etwas einkaufen, was dann garantiert noch Heiligabend unterm Gabentisch liegt? Weihnachten kommt nicht überraschend.

---

[1] https://de.wikipedia.org/w/index.php?title=Spezial%3AISBN-Suche&isbn=9783150007969#Buchhandel_f.C3.BCr_neue_B.C3.BCcher
[2] https://de.wikipedia.org/wiki/Widerrufsrecht

Letzte Bestellungen für Weihnachten

Mo 17	Lieferung von Großgeräten innerhalb Deutschlands durch Spezial-Logistikpartner | bis 23:59 Uhr
Di 18	Lieferung von Großgeräten innerhalb Deutschlands zum Wunschtermin | bis 23:59 Uhr
Fr 21	Kostenloser Standardversand ab 20 EUR Bestellwert innerhalb Deutschlands Bücher, Blu-rays, Bekleidung, Schuhe & Handtaschen immer versandkostenfrei | bis 23:59 Uhr
Sa 22	Premiumversand innerhalb Deutschlands Kostenlos mit Amazon Prime, ansonsten 6 EUR | bis 14:00 Uhr
So 23	Morning-Express 5 EUR mit Amazon Prime, ansonsten 13 EUR | bis 12:00 Uhr
Mo 24	Evening-Express an bestimmte Postleitzahlen, 5 EUR mit Amazon Prime, ansonsten 13 EUR | bis 06:00 Uhr Amazon Geschenkgutschein Als E-Mail oder zum Ausdrucken hier klicken [1]

Wenn Sie per Bankeinzug oder Kreditkarte bezahlen, ist das auch relativ sicher, denn bei beiden Verfahren können Sie einen Betrag innerhalb einer gewissen Frist zurückbuchen lassen, sollte nicht geliefert werden. Natürlich hinterlassen Sie bei jedem elektronischen Bezahlsystem auch wieder eine Datenspur. Paypal ist übrigens ein sehr unsicheres Bezahlverfahren. Zum einen ist es eine ebay Tochter und gehört damit zu den großen Datensammlern. Und zum anderen gibt es immer wieder Probleme[2], die bei einem seriösen Unternehmen nicht auftreten bzw. sich wenigstens klären lassen, was bei Paypal oft nicht möglich ist. Bietet der Verkäufer bei ebay also eine andere Bezahlmethode wie Banküberweisung, nutzen sie diese doch. Das ist mindestens genau so sicher (denn Paypal ist eben nicht sicher, wenn es drauf ankommt).

---

[1] Quelle: http://www.amazon.de/gp/gift-central/holiday-shipping
[2] http://www.screw-paypal.com/international_pages/deutschland.html

---

Quis custodiet custodes?

Wer bei ebay verkauft, muß Gebühren dafür entrichten. Als Shop-
betreiber wird man die auf den Preis aufschlagen. Schauen Sie
doch mal, ob Sie den gleichen Artikel beim gleichen Anbieter
nicht in einem eigenen Webshop finden. Oft sind die Artikel da
günstiger und ebay weiß dann nicht, was alles so bei Ihnen zu
Hause steht.

Der App-nepp

Haben Sie ein Smartphone? Welche Apps haben Sie installiert?
wetter.com, ebay, amazon, facebook, google, boerse, lieferheld,
mobile.de, netto…?

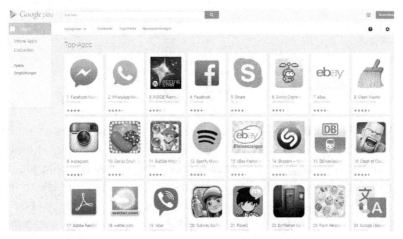

Wozu? Jede dieser Apps will auf Ihr Handy zugreifen. Bei der Installation wurden Sie gefragt. Das liest sich keiner durch und
klickt einfach auf *Annehmen*. Anschließend kann die App alles auf
Ihrem Telefon überwachen und an seinen Betreiber schicken:
Ihre Fotos, Standortdaten (GPS-Koordinaten), Telefonnummern
und Kontaktdaten, Audio- und Videodateien, sogar das, was per
Mikrofon aufgenommen werden kann. Wenn Sie eine App wie
Glympse nutzen, verraten Sie freiwillig nicht nur Ihren Freunden,
wo sie sich gerade befinden und was sie so treiben, sondern auch
allen verbundenen Werbepartnern und Data Mining Firmen. Sie
können darauf wetten, daß in absehbarer Zeit diese Informatio-

nen gegen Sie genutzt werden. Die beliebte App WhatsApp[1] verrät sogar jedem wildfremden, ob Sie gerade online sind – ob Sie
wollen oder nicht und ermöglicht so jedem anderen ein Lang-
zeitprofil über Ihre Aktivitäten zu erstellen. Und nur damit Sie die
aktuellen Börsenkurse sehen oder ab und zu mal nach einem
Auto suchen können? Bei den allermeisten Apps die kein Spiel
sind, handelt es sich um einen Ableger eines Webdienstes. Damit
die Daten in der App aktuell sind, benötigen Sie einen Datentarif.
Wenn Sie den haben, dann können Sie auch auf die Webseiten
der Anbieter gehen. Legen Sie sich im Browser des Smartphones
Lesezeichen an und Sie sind fast genau so schnell bei der "benötigten" Information. Vielleicht stellen Sie dann sogar fest, daß die
aktuelle Entwicklung des DAX gar nicht so wichtig ist und wie das
Wetter derzeit an Ihrem Wohnort ist, stellen Sie viel schneller
durch einen Blick aus dem Fenster fest. Der Lohn dafür ist, daß
die Daten auf Ihrem Gerät (wieder) Ihnen gehören und nicht den
App Anbietern.

Düstere Wolken: die Cloud

"Ich lade das mal in die Cloud hoch" ist eine relativ neue Aussage
dazu, daß man eine Datei in einem externen Rechenzentrum und
nicht lokal auf dem eigenen Computer speichert. In der Compu-
tersteinzeit war das die einzige Möglichkeit, größere Datenmengen (was man halt damals so darunter Verstand – heute könnten
Sie diese Daten locker auf einem alten Smartphone sichern) zu
sichern. Festplatten im Computer gab es noch gar nicht oder
hatten eine kleine Speicherkapazität (40 MB galt mal als gigantisch). Die meisten Daten landeten auf Disketten mit maximal
1,44 MB. Dann wurden die Kapazitäten der lokalen Datenträger
so groß und billig, daß man einfach alles ohne nachzudenken bei
sich abspeicherte. Für diejenigen, die an Ihren Daten interessiert
sind, war das eine ungünstige Entwicklung, denn an die Fotos,
die auf Ihrer Speicherkarte sind, kamen sie nicht mehr (so ein-

---

[1] http://heise.de/-2400819

fach) heran. Also dachte man sich die "Cloud" aus. Der Name hört sich hip an, was es genau ist, versteht Otto-Normalanwender nicht sofort und wer modern sein will, macht bei jedem neuen Kram mit.

Vereinfacht gesagt ist die Cloud nichts weiter als ein Verbund von Speichermedien und Computern in einem Netzwerk. Als Netzwerk wird dazu oft das Internet benutzt, weil das für alle zugänglich ist. Genau genommen, ist das Internet schon die Cloud. Im speziellen wird meistens damit gemeint, daß ein Anbieter einen sehr großen Datenspeicher zur Verfügung stellt, auf denn dann jeder zugreifen kann. Ob das kostenlos geschieht und wer darauf Zugriff hat, ist natürlich unterschiedlich. Neben dem zur Verfügung stellen von reinem Speicher, kann auch Rechenleistung oder Software über die Cloud bereitgestellt werden. Vor allem Software ist für Anbieter interessant: Anstatt das beim Anwender das Programm lokal installiert wird, befindet es sich auf einem System in der Cloud. Für den Anwender bedeutet das funktional kaum einen Unterschied. Für den Anbieter ist es ein kolossaler Gewinn: Er hat die volle Kontrolle über seine Lizenzen: keine Raubkopien, keine Mehrbenutzer, einfach zu aktualisieren.

Firmen nutzen gerne die Cloudspeicherdienste, da sie so selber das Management der Daten aus der Hand geben und so vor allem Kosten sparen wollen, denn die notwendigen Rechenzentren und Speicherkapazitäten kosten Unterhalt und Personal etc. Und so landen Bankdaten[1], Krankenhausunterlagen[2] und Versicherungsakten[3] auf Speichern von US Unternehmen wie IBM und Microsoft rund um die Erde. Alle kritisch denkenden Experten sind sich dabei einig: Selbst wenn die Datenspeicher in der EU stehen, so unterliegen Sie zwar theoretisch dem europäischen Datenschutz

---

[1] http://www.cio.de/news/805418/

[2] http://www.telekom.com/medien/konzern/210690

[3] http://www.computerwoche.de/a/trusted-german-insurance-cloud,2556494

Quis custodiet custodes?

und werben[1] prahlerisch damit, praktisch betrachtet, kümmert das ausländische Geheimdienste aber gar nicht und die USA sind nicht zimperlich bei der Forderung nach Herausgabe[2] von Daten und es ist fraglich, ob und wie lange US-Firmen dem widerstehen können oder Regierungen einknicken.

Für Privatanwender stellt sich die Frage, warum sie eigentlich Daten in der Cloud speichern sollten. Der einzige Grund wäre, wenn Sie die Daten an andere Leute verteilen wollen. Wenn Sie Bilder bei flickr hochladen oder Videos bei YouTube, dann speichern Sie diese auch bereits in der Cloud – nur eben über einer speziellen Serviceanbieter. Sie können Daten, die auf einem Cloudserver gespeichert wurden aber auch an einen eingeschränkten Nutzerkreis verteilen. Nur wer das Paßwort hat oder einen Einladungslink, kann dann die Daten einsehen oder auf seinem lokalen Computer speichern. Bevor der Begriff Cloud populär wurde, gab es das auch schon und nannte sich Online Speicher oder ähnlich. Im Prinzip ist das erst einmal eine praktische Sache: Wenn Sie große Datenmengen haben, die sich nicht mehr per E-Mail verschicken lassen, dann stellen Sie die Daten in die Cloud und informieren die Empfänger darüber. Sie müssen dann nicht erst warten, bis Sie diejenigen treffen, um Speichersticks zu verteilen oder externe Festplatten herumtragen.

Fragt sich nur, warum bieten Firmen umsonst Speicherplatz an? Das alles kostet viel Geld, denn die Hardware muß angeschafft und gewartet werden, es wird massig Strom gebraucht, die Netzwerkanbindung ist in den benötigten Dimensionen teuer, Immobilienkosten und Personal will bezahlt werden etc. Eine Einnahmequelle kann natürlich wie immer Online Werbung sein. Das ist aber nicht ausreichend. Vielleicht hofft der Anbieter, Sie für ein kostenpflichtiges Angebot interessieren zu können. Primär

---

[1] http://blogs.microsoft.com/blog/2014/04/10/privacy-authorities-across-europe-approve-microsofts-cloud-commitments/

[2] http://www.cr-online.de/blog/2014/05/13/datenherausgabepflicht-fuer-cloud-anbieter-nach-us-recht-vs-eu-datenschutzrecht/

---

wird es ihm aber wieder um Ihre Daten gehen. Denn alles, was Sie auf dem Server speichern, kann der Betreiber einsehen. Im Gegensatz zum Speicherstick, den Sie persönlich übergeben, hat der Betreiber des Cloudangebots (und alle Serverbetreiber im Internet über die Ihre Daten auf dem Weg dahin transportiert werden), vollen Zugriff auf alles.

Aber nicht nur die Betreiber haben Zugriff: auch Hacker und Möchtegerne. Um das zu begreifen, bedurfte es mal wieder erst eines Angriffes auf Promis. Kritische Datenschützer haben schon lange vorher vor der Cloud und den Risiken gewarnt, die breite Öffentlichkeit hat es nicht interessiert und nicht ernst genommen: Daten in der Cloud sind nicht sicher. Kaum tauchen ein paar Nacktbilder[1] von Promis auf, die diese selber mit ihren Handys aufgenommen und gespeichert haben, ist der Aufschrei der Presse und der Betroffenen groß. Mitleid können sie zumindest von Datenschützern dafür nicht erwarten. Wenn Fotos (vom Dienst Snapchat) von Jugendlichen zu Hunderttausenden[2] auftauchen, wird deutlich, daß auch ganz normale Menschen Ziel von Angriffen werden können und das private Bilder und Daten nicht ins Netz gehören – auch nicht in vermeintlich sichere und auch nicht nur zum Spaß.

Daten haben in der Cloud nichts zu suchen. Zumindest nicht, wenn sie nicht ausreichend gegen Fremde geschützt wurden.

Als einziger Schutz vor dem unbefugten einsehen Ihrer Dateien hilft die Verschlüsselung (siehe Seite 137). Wenn Sie die Datei mit einer zuverlässigen Methode verschlüsseln, können sie diese relativ unbedenklich in der Cloud speichern. Zuverlässig ist eine Verschlüsselung wie immer, wenn der verwendete Algorithmus nur mit erheblichem zeitlichem und technischem Aufwand geknackt werden kann und auch das verwendete Paßwort so gut ist, daß der Schutz nicht ausgehebelt wird. Für den Betreiber

---

[1] https://heise.de/-2305313
[2] https://heise.de/-2415252

Quis custodiet custodes?

(und Hacker) bleibt dann nur noch ich Surfverhalten, das sie analysieren können und das ist bei weitem nicht so spannend wie Ihre Daten, wenn Sie die anderen hier gezeigten Schutzmechanismen umgesetzt haben).

Zu den besten Verschlüsselungsmethoden zählt natürlich PGP und S/MIME. Soll eine Datei nur an weniger andere Leute verteilt werden, von denen alle PGP nutzen und Sie deren öffentliche Schlüssel haben, dann nutzen Sie das.

Kennen Sie die Empfänger Ihrer Datei aber nicht oder nutzen diese kein PGP, dann müssen Sie ein anderes Programm und eine andere Methode nutzen. Es gibt eine Vielzahl von Programmen, die Sie benutzen können. Worauf Sie sich aber auf gar keinen Fall verlassen dürfen, ist die Sicherung der Dateien mit einem Paßwort aus der Anwendung heraus, mit der Sie die Datei erstellen. Die Office Produkte von Microsoft, Adobes Acrobat für PDF und andere Programme bieten eine solche Funktion. Für alle gibt es im Internet Tools, die den Schutz in wenigen Minuten auf einem durchschnittlichen PC ausgehebelt haben.

Eine sehr gute Möglichkeit bietet das Komprimierungsverfahren ZIP[1]. Um die Datenmenge zu reduzieren und eventuell mehrere Dateien in einer Archivdatei zusammenzufassen, benutzen Sie vermutlich sowieso schon ein entsprechendes Programm. ZIP unterstützt allerdings nur das Verfahren ZipCrypto[2], welches als nicht sehr sicher gilt. Viel bessere Möglichkeiten bietet das Open-Source Programm 7-Zip[3]. Es beherrscht nicht nur das sehr beliebte Zip-Dateiformat, sondern auch so gut wie alle anderen Komprimierungsmethoden, die teilweise wesentlich bessere Komprimierungsergebnisse erreichen. Außerdem unterstützt es das

---

[1] https://de.wikipedia.org/wiki/ZIP-Dateiformat
[2] http://neurodump.cmplx.de/2010/11/17/zip-archiv-verschlusselung-ist-nicht-sicher-genug/
[3] http://www.7-zip.org/

Kryptoverfahren AES-256[1], welches als sehr hochwertig gilt. 7-Zip[2] ermöglicht es zwar, dieses Verfahren auch für ein Zip-Archiv zu benutzen, wovon aber abzuraten ist, da die meisten anderen Zip-Programme die Datei dann doch nicht öffnen können. Mit 7-Zip können Sie auch ein selbstentpackendes Archiv erzeugen. Der Empfänger benötigt das Programm dann nicht. Er kann einfach die Archivdatei wie ein Programm durch Doppelklick ausführen und sie wird dann nach Angabe des Zielortes und des Paßwortes entpackt.

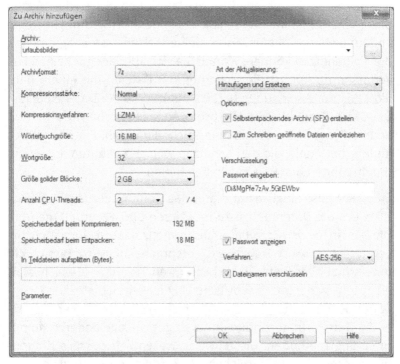

1. Achten Sie beim Hinzufügen der Dateien darauf, daß Sie als *Archivformat 7z* eingestellt haben.

2. Wählen Sie als Verfahren für die Verschlüsselung *AES-256*.

---

[1] https://de.wikipedia.org/wiki/Advanced_Encryption_Standard
[2] https://de.wikipedia.org/wiki/7-Zip

Quis custodiet custodes?

3. Tragen Sie ein Paßwort ein. Wenn Sie das nicht machen, wird die Datei auch nicht verschlüsselt (es erfolgt keine Warnung). Je länger und komplizierter das Paßwort, desto besser ist der Schutz (mindestens 12 Zeichen sollten es sein).

4. Aktivieren Sie auch *Dateinamen verschlüsseln*. Ansonsten kann man nämlich sehen, welche Dateien sich in dem Archiv befinden auch ohne daß man das Paßwort kennt.

Webseiten verschlüsseln

Webseiteninhalte werden normalerweise unverschlüsselt im Web übertragen. Das bedeutet, daß an jedem Zwischenknoten über den die Daten vom Anbieter zu Ihnen (und zurück) wandern, genau mitlesen kann, was auch Sie lesen. Und es wird gemacht[1]. Es gibt aber durchaus die Möglichkeit, daß Sie sich ein wenig dagegen zur Wehr setzen: besuchen Sie Webseiten, die verschlüsselt übertragen werden. Dabei wird der Inhalt der Seite beim Anbieter (dem Betreiber der Webseite) in dem Moment für Sie persönlich verschlüsselt und erst dann übertragen. Ihr Browser entschlüsselt die Webseite dann und zeigt Sie Ihnen ganz normal an. Von dem Vorgang bekommen Sie (fast) gar nichts mit und Sie benötigen auch keinerlei zusätzliche Programme oder Paßwörter dafür. All das ist sozusagen im Web bereits eingebaut. Das Verfahren ist nicht absolut sicher und Sie hinterlassen dabei noch immer einige Spuren (auch daß Sie eine verschlüsselte Seite abrufen, ist eine Spur). Aber es ist besser als darauf zu verzichten.

Wenn Sie normalerweise eine Webseite abrufen, dann geschieht das über das Protokoll HTTP[2] (Hypertext Transfer Protocol). Das erkennen Sie daran, daß dieses Kürzel vor jeder Adresse in Ihrem Browser steht. Eigentlich müßten Sie das sogar immer eingeben, wenn Sie eine Webseitenadresse manuell eingeben, denn es gibt

---

[1] http://heise.de/-1958399
[2] https://de.wikipedia.org/wiki/Hypertext_Transfer_Protocol

---

Quis custodiet custodes?

auch noch andere Protokolle, die der Browser ebenfalls beherrscht (z. B. FTP[1]). Wenn Sie nur "www.wikipedia.org" eingeben, weiß der Browser eigentlich nicht, mit welchem Protokoll er arbeiten soll und müßte eine Fehlermeldung produzieren (ganz viel früher war das auch so). Um den Anwendern das Leben aber leichter zu machen, gehen die Browser heute davon aus, daß Sie "http://" einfach nur vergessen haben und ergänzen die Angabe automatisch – so wie manchmal sogar schon das "www." am Anfang. Das ist zwar praktisch, aber andererseits geht so auch Wissen um die Funktionsweise verloren. Persönlich finde ich es sehr unbefriedigend, daß Firefox auch das "http://" in der Standardeinstellung nicht einmal mehr (nach Abruf der Seite) anzeigt:

Das wollen wir zuerst einmal ändern – wir sind Profis.

1. Geben Sie in der Adreßzeile "about:config" ein.

2. Über die folgende Spezialseite können Sie Firefox sehr individuell anpassen. Das birgt ein gewisses Risiko. Deshalb kommt die Warnmeldung, die Sie trotzdem bedenkenlos bestätigen können.

---

[1] https://de.wikipedia.org/wiki/File_Transfer_Protocol

Quis custodiet custodes?

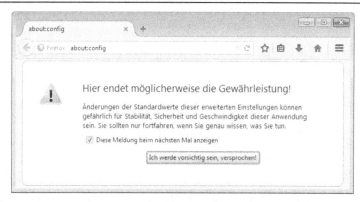

3. Tragen Sie bei *Suchen* "trimurl" ein. Schon während der Eingabe wird die Liste der Optionen auf die Werte reduziert, die diesen Suchtext beinhalten. Am Ende sollte ein einzelner Optionseintrag übrig bleiben: *browser.urlbar.trimURLs*.

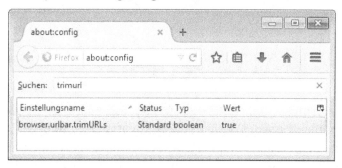

4. Dieser Optionswert hat den *Wert true* (englisch: wahr). Das bedeutet, daß URL in der Adreßzeile getrimmt (um die Angabe des Protokoll bereinigt) werden. Klicken Sie einfach doppelt auf diesen Wert und er wird auf *false* (englisch: falsch) umgestellt (und beim nächsten Doppelklick wieder auf *true* usw.). Um durch den Benutzer geänderte Einstellungen hervorzuheben, wird die Zeile fett dargestellt.

5. Die Einstellungen sind sofort wirksam. Sie können den Tab einfach schließen oder eine beliebige Webseite aufrufen. Ab sofort sehen und wissen Sie mehr als andere:

Doch kommen wir zurück zur Verschlüsselung von Webseiten. Vermutlich haben Sie die Technik sogar schon (unbewußt) benutzt. Beim Online Banking und anderen sicherheitskritischen Webseiten wird das nämlich eingesetzt. Das Protokoll für die sichere Übertragung nennt sich HTTPS[1] (Hypertext Transfer Protocol Secure) und unterscheidet sich nur durch das unscheinbare "s" am Ende. Die Daten werden dabei per SSL (Secure Sockets Layer) bzw. TLS[2] (Transport Layer Security) verschlüsselt (SSL ist die Vorgängerbezeichnung zu TLS und ist als Bezeichnung für beide Varianten wesentlich gängiger).

---

[1] https://de.wikipedia.org/wiki/Hypertext_Transfer_Protocol_Secure
[2] https://de.wikipedia.org/wiki/Transport_Layer_Security

Wie Sie sehen, können Sie die Wikipedia Startseite auch über das sichere Protokoll übertragen. Dazu müssen Sie aber die Angabe "http**s**://" selber eingeben (bzw. das "s" bei der Protkollangabe ergänzen, wenn Sie die gewünschte Seite schon in unverschlüsselter Form abgerufen haben), da die Browser ja nicht wissen, was Sie wollen und (sehr zum Leidwesen sicherheitsbewußter Anwender) standardmäßig lieber das unsichere Protokoll benutzen (weil das immer funktioniert).

Bei sehr vielen Webseiten ist es gar kein Problem, auf die Verschlüsselung zurückzugreifen. Sie werden auch keinen wesentlichen Unterschied dabei bemerken, denn um die ganze Verschlüsselung müssen Sie sich nicht weiter kümmern. Eventuell werden die Seiten ei klitzeklein wenig langsamer angezeigt. Das ist aber fast gar nicht zu bemerken und sicher ein kleiner Preis für mehr Sicherheit. Jetzt können Sie in aller Ruhe sich über jedes Thema informieren und kein Schnüffler kann Ihnen dabei unbemerkt über die Schulter zusehen - zumindest solange die Verschlüsselung funktioniert (was wie gesagt nicht ganz sicher ist, aber immer noch besser als gar nichts). Es werden auch keine Meta-Daten wie zum Beispiel die URL unverschlüsselt übertragen. Einzig der Betreiber der Webseite weiß nun noch, was Sie sich angesehen haben.

1. Wenn Sie eine Webseite besuchen, die zwar verschlüsselt ist (https://) aber nicht alle Inhalte verschlüsselt überträgt und/oder ein Zertifikat für die Verschlüsselung benutzt, welches keine Identitätsdaten enthält bzw. diese nicht überprüft wurden, dann wird zuerst das graue Warndreieck

angezeigt. Im Browser wird zudem nicht die Seite geladen, sondern eine Warnmeldung eingeblendet:

2. Sollten Sie nicht sicher sein, oder die Seite gar nicht aufrufen wollen, klicken Sie auf *Diese Seite verlassen*. Wollen Sie die Webseite trotzdem sehen, dann klicken Sie auf *Ich kenne das Risiko*.

3. Die Warnmeldung wird dann erweitert. Klicken Sie auf *Ausnahme hinzufügen*.

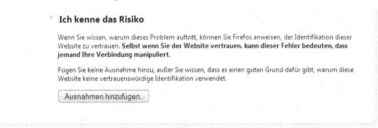

4. Sie können nun die URL in einer Ausnahmeliste aufnehmen oder die Ausnahme nur temporär zulassen. Wenn Sie die gleiche Webseite öfter besuchen wollen ohne jedesmal gewarnt zu werden, aktivieren Sie die *Option Diese Ausnahme dauerhaft speichern*. Ansonsten schalten Sie die Option aus.

5. Sobald Sie auf die Schaltfläche *Sicherheits-Ausnahmeregel bestätigen* klicken, wird die tatsächliche Webseite geladen und angezeigt.

Links neben der Adresse finden Sie ein Symbol[1], welches Ihnen verdeutlicht, ob und wie die Verbindung gesichert oder gar gefährlich ist.

Symbol	Bedeutung
http://	Die Website stellt keine Identitätsinformationen zur Verfügung. Die Verbindung zwischen Firefox und der Website wird nicht oder nur teilweise verschlüsselt und sollte nicht als abhörsicher betrachtet werden.

---

[1] https://support.mozilla.org/de/kb/wie-kann-ich-feststellen-ob-meine-verbindung-zu-einer-website-verschluesselt-erfolgt

Symbol	Bedeutung
⚠ https://	Die Website stellt keine Identitätsdaten zur Verfügung. Die Verbindung zu dieser Website ist nicht vollständig sicher, weil sie unverschlüsselte Elemente enthält (z. B. Grafiken).
🔒 https://	Die Domain der Website wurde überprüft. Die Verbindung zwischen Firefox und der Website ist abhörsicher verschlüsselt. Dieses Symbol ist bei den meisten Webseiten mit SSL zu sehen.
🔒 netba... (DE) https://	Die Adresse der Webseite wurde mittels eines erweiterten Validations-Zertifikates verifiziert. Die Verbindung zwischen Firefox und der Website ist abhörsicher verschlüsselt. Dieses Symbol ist vor allem bei Online-Banken und anderen äußerst sicherheitsrelevanten Webseiten zu erwarten.

Wenn Sie im Browser auf das Symbol klicken, bekommen Sie in einem kleinen Quickinfo eine Zusammenfassung der Bedeutung angezeigt.

Anstatt immer manuell auszuprobieren, ob eine Site auch verschlüsselt verfügbar ist, können Sie sich das Add-on HTTPS Everywhere[1] installieren. Dieses von der renommierten Electronic Frontier Foundation (EFF) mitentwickelte Projekt führt eine Liste mit bekannten Websites, die geprüft wurden. Sobald Sie eine unverschlüsselte Seite aus dieser Anbieterliste aufrufen, werden Sie automatisch auf die SSL-verschlüsselte Seite umgeleitet.

---

[1] https://www.eff.org/https-everywhere

Nach der Installation werden Sie gefragt, ob Sie SSL Zertifikate an die Entwickler schickt, die Sie auf Ihrem Rechner empfangen. Das ist für die Entwickler hilfreich und im Prinzip unbedenklich, bietet den Entwicklern aber die theoretische Möglichkeit, Ihr Surfverhalten zu analysieren, da sie so wissen, welche Webseiten Sie besucht haben.

Prinzipiell ist die Idee des Add-ons gut; leider hilft es in der Praxis nur eingeschränkt. Das Problem ist, daß die Liste der bekannten Websites nur beschränkt ist. Wenn die von Ihnen besuchten Sites nicht in der Liste stehen, erfolgt keine Umleitung auf die sichere Variante auch wenn es eine solche gibt. Aus diesem Grund ist es verläßlicher, wenn Sie die oben gezeigte Möglichkeit nutzen und manuell die Adresse via HTTPS abrufen.

Liken Gefällt den Datensammlern

Sind Sie bei Facebook, Twitter oder Google+ aktiv und sind auch der Meinung, daß sowohl Ihre angeblichen Pseudo-Freunde und der Rest der Welt ständig an Ihrem Leben teilhaben und wissen soll, was Ihnen gefällt, wo Sie gerade sind und was Sie gerade machen? Dann klicken Sie bestimmt auch auf die auf vielen Webseiten eingeblendeten Buttons, mit denen die Betreiber der Seite es Ihnen so leicht machen, für ihr Angebot zu werben und soziales Marketing zu betreiben.

Tweet 22   Empfehlen 6   +1 35   t3n 1

Das Problem bei diesen Social Media Buttons ist, daß Sie damit aktiv die Überwachung Ihres Surfverhaltens unterstützen – und das nicht nur, wenn Sie auf den Button klicken, sondern allein schon dadurch, daß Sie ihn sehen. Sobald die Webseite nämlich aufgebaut wird, stellt der Server eine Verbindung zu all den eingeblendeten Diensten her und schickt denen Ihre IP Adresse. Das ist notwendig, damit die Dienste die Anzahl der Klicks zurückmelden und die Webseite das neben dem Button anzeigt. Sind Sie jetzt noch bei einem dieser Dienste eingeloggt, weil Sie sich nach dem Besuch nicht abgemeldet haben oder die Seite noch ein einem anderen Tab geöffnet haben, kann der Betreiber den Besuch der Webseite mit den Social Media Buttons direkt Ihrer Person und Ihrem Benutzerkonto zuordnen.

Was meinen Sie, warum die Betreiber der sozialen Netzwerke bei der Anmeldung anbieten, die Option *Angemeldet bleiben* zu aktivieren bzw. die s sogar per Vorauswahl aktivieren?

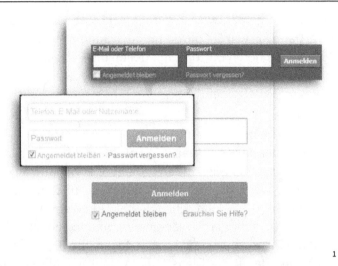

Um sich davor zu schützen, daß Sie Ihr Surfverhalten unbemerkt hinterrücks preisgeben, sollten Sie sich auf jeden Fall immer aktiv beim jeweiligen Dienst abmelden und keine Tabs mehr mit deren Webseiten im Hintergrund offen lassen.

Webseitenbetreiber, die Datenschutz ernst nehmen, nutzen übrigens eine abgewandelte Form der Meinungsschaltflächen: Beim ersten Abruf der Seite sind die Buttons inaktiv (meistens grau dargestellt). In diesem Zustand werden keine Daten an Facebook & Co. gesendet.

Erst wenn Sie auf die graue Schaltfläche klicken, wird die Funktion aktiviert. Jetzt werden auch ggf. Daten mit dem Social Media Netzwerkanbieter ausgetauscht.

---

[1] Quelle: Facebook, Google, Twitter

Nun funktioniert der Button wie gewohnt und Sie können Ihre Bewertung durch einen weiteren Klick abgeben.

9.5 Das Zwiebelschalenprinzip schafft Sicherheit

Ein Grund, warum Webdienste Sie so gut kennen, ist der Weg, den Sie bzw. Ihre Daten zurücklegen, um ins Internet zu gelangen. Selbst wenn Sie alles unternommen haben, um keine Spuren zu hinterlassen und Cookies immer gelöscht werden, wenn Sie den Browser schließen und Sie mit einem neu gestarteten Browser anfangen zu surfen, scheint Google zum Beispiel schon zu ahnen, was Sie suchen. Probieren Sie es aus:

1. Starten Sie den Browser neu und gehen Sie auf die Google Startseite.

2. Geben Sie in das Suchfeld den Begriff "immobilien " (mit einem anschließendem Leerzeichen) ein.

3. Das schon nach der Eingabe der ersten Buchstaben als Vorschlag "immobilien" vollständig ausgeschrieben erscheint, ist noch keine große Kunst. Google führt einfach ein großes Verzeichnis an beliebten Suchbegriffen. Sobald Sie ein paar Zeichen tippen, werden einfach die Suchbegriffe angezeigt, die zu Ihrer Zeichenfolge passen.

4. Interessant ist vielmehr, warum bei mir die Städte Potsdam, Berlin und Cottbus aufgeführt werden, während bei Ihnen mit hoher Sicherheit andere Namen stehen werden?

5. Ohne daß Sie mehr eingeben, drücken Sie einfach Return oder klicken Sie auf das Such-Symbol mit der Lupe.

6. Das Ergebnis ist wieder überraschend: Neben den Treffern wird eine kleine Karte gezeigt. Auch hier wird bei Ihnen bestimmt etwas anderes zu sehen sein. Im Beispiel ist es eine Karte von Neuruppin.

7. Wenn Sie ein wenig in der Trefferliste nach unten scrollen, werden die zu den Markierungen in der Karte passenden lokalen Webseiten aufgeführt.

Quis custodiet custodes?

Woher weiß aber Google, daß ich in Neuruppin eine Immobilie suche? Die Antwort ist recht einfach, wenn auch technisch: Wissen tut Google das nicht wirklich. Google weiß aber, daß ich in Neuruppin (bzw. der Nähe davon) mich mit dem Internet verbunden habe. Das ist möglich, weil mein Internetprovider mir eine weltweit eindeutige IP-Adresse zugeordnet hat, als ich mich bei ihm eingewählt habe (egal, ob per DSL oder Modem oder sonst wie). Jeder Internetprovider verfügt über einen Pool an solchen Adressen und vergibt diese an seine Nutzer. Bei manchen Anbietern bekommen Sie jedes mal, wenn Sie ins Internet gehen, eine wechselnde Adresse zugewiesen, bei manchen (vor allem bei Nutzung von DSL) ist es immer die selbe. Die IP-Adressen bestehen aus vie Zahlenblöcken mit Werten zwischen 0 und 255 und je einen Punkt zwischen jedem Block: z. B. 80.84.207.155.

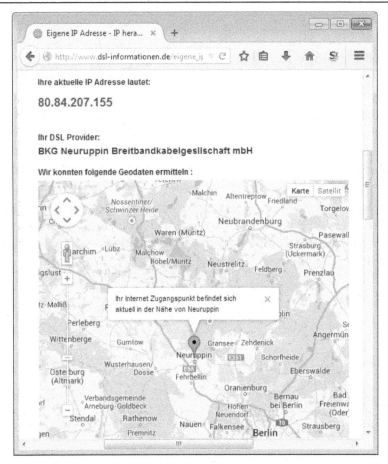

Weil bekannt ist, welcher Internetprovider welche Adressen besitzt, kann anhand der Adresse ermittelt werden, wie Ihr Provider heißt. Bei einem kleinen regionalen Anbieter grenzt das dann auch erheblich Ihren Standort ein. Große Anbieter wie Telekom usw. bieten ein wenig mehr Anonymität, weil die Adressen dann nur wenigen Standorten mit großen Zugriffsknoten für ein sehr großes Einzugsgebiet zuzuordnen sind. Im Web gibt es zahlreiche Anbieter[1], die Ihnen Ihre derzeitige Adresse anzeigen und auch

---

[1] http://www.dsl-informationen.de/eigene_ip.php

gleich noch den dadurch ermittelten Standort. Der Standort ist zwar nicht sehr genau aber genau diese Information nutzten Google und andere, um regional unterschiedliche Inhalte anzubieten. Das ist aber nicht immer zu Ihrem Vorteil, denn so kann auch sehr einfach Zensur ausgeübt werden. Befinden Sie sich in einer falschen Region, dann werden Sie einfach von Informationen abgeschnitten[1] oder es werden Ihnen falsche[2] Informationen zugespielt, die Ihr Meinungsbild entsprechend beeinflussen, weil Sie die anderen (freien) Berichte nicht zu sehen bekommen.

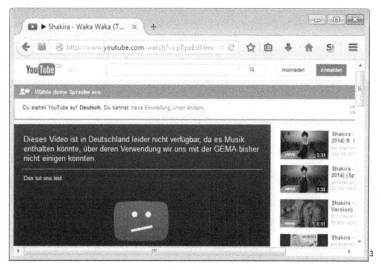

Daten über Zwischenstationen im VPN umleiten

An der Funktion der IP-Adressen kann man nichts ändern, denn es ist elementar notwendig, daß Sie eine eindeutige Adresse besitzen, solange Sie im Internet unterwegs sind. Nur so können die Daten zu Ihnen gelangen. Was aber möglich ist, ist die Adresse vor dem Betreiber einer Webseite etc. zu verbergen. Wenn der Inhaltanbieter Ihre IP-Adresse abfragt, bekommt er die nur Ad-

---

[1] https://de.wikipedia.org/wiki/Internetzensur_in_der_Volksrepublik_China
[2] http://info.picidae.net/en/break-through-the-firewall/
[3] http://www.youtube.com/watch?v=pRpeEdMmmQ0

---

resse eines dazwischen geschalteten Helfers genannt. Liegt dessen Adresse dann beispielsweise in einem anderen Land, weiß der Inhalteanbieter nicht, wo Sie tatsächlich sitzen und zensiert die Daten nicht, weil er glaubt, Sie rufen die Seite aus einem zugelassenen Land ab.

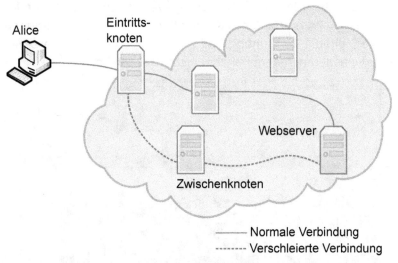

Normale Verbindung
Verschleierte Verbindung

Sie (Alice) verbinden sich wie gewohnt mit Ihrem Internetprovider (Eintrittsknoten), um ins Internet zu gelangen und erhalten dabei eine IP-Adresse. Eine Software auf Ihrem Computer verbindet sich dann mit einem anderen Server (Zwischenknoten) im Internet. Alle Daten, die nun zwischen Ihrem Computer und dem Internet ausgetauscht werden, fängt die lokale Software bei Ihnen im Grunde ab und schickt die Anfrage über Ihren Eintrittsknoten an den Zwischenknoten. Dieser leitet die Anfrage dann an den Webserver (oder anderen Knoten von dem Sie Daten angefordert haben) und benutzt dabei seine eigene IP-Adresse ohne die Ihre zu verraten. Bei diesem Transportweg spricht man auch von einem virtuellen privaten Netzwerk (VPN[1]). Der Webserver geht nun davon aus, daß der Zwischenknoten die Anfrage gestellt hat und antwortet diesem. Da die IP-Adresse auf einen Benutzer

[1] https://de.wikipedia.org/wiki/Virtual_Private_Network

Quis custodiet custodes?

in einem anderen Land als dem Ihren oder zumindest einer anderen Stadt hindeutet, wird die Antwort entsprechend nicht zensiert etc. Der Zwischenknoten empfängt alle Daten und sendet Sie an Ihre echte IP-Adresse weiter zu Ihnen ohne dabei die Daten sonst wie zu verändern. Sie bekommen also genau die gleichen Daten angezeigt, als würden Sie von dort aus ins Internet gehen, wo der Zwischenknoten sitzt.

Etwas unbefriedigend ist, daß nun der Betreiber des Zwischenknotens alles über Sie weiß, denn er kann den gesamten Datenverkehr mitlesen und Ihrer IP-Adresse zuordnen. Aus diesem Grund muß hier ein besonders vertrauenswürdiger Betreiber gewählt werden. Eine Möglichkeit, die Datenspur etwas weiter zu verschleiern besteht darin, den Zwischenknoten in regelmäßigen Abständen zu wechseln. Dann kann der jeweilige Betreiber nur Ihre Daten einer kurzen Zeitspanne auswerten.

Um die Spur der Daten noch weiter im Nebel verschwinden zu lassen, können auch mehrere Zwischenknoten benutzt werden. Das Tor-Netzwerk schickt die Daten über drei zufällig (aus einer Liste mit möglichen Zwischenknoten) gewählten Server. Die Daten zwischen dem ersten und dem letzten Knoten werden zusätzlich noch verschlüsselt, so daß die Zwischenstationen nicht auf den Inhalt schauen können. Dabei werden die bereits verschlüsselten Daten mit einem neuen Schlüssel erneut verschlüsselt. Jeder Knoten baut so eine weitere Verschlüsselungsschicht um die ursprünglichen Daten herum auf. Aufgrund dieser Schichten, nennt sich das System Zwiebelschichtverfahren (engl.: Onion-Routing[1]). Will jemand wissen, wo die Daten entlang gehen, müßte er nacheinander herausfinden, wie die IP-Adresse des jeweils vorherigen Knotens lautete. Die Betreiber der Server werden das aber nicht preisgeben. Selbst mit einer richterlichen Anordnung käme man immer nur einen Schritt weiter und wohl nie bis zum Ziel. Schwachpunkt der Architektur ist, daß die Zwischenknoten

---

[1] https://de.wikipedia.org/wiki/Onion-Routing

seriös und vertrauenswürdig sein müssen. Betreibt ein Schnüffler mehrere Zwischenknoten, so kann es passieren, daß die Daten dabei zufällig ausschließlich über dessen Knoten transportiert werden. Je mehr Knoten der Schnüffler betreibt, desto höher ist die Wahrscheinlichkeit dafür. Ein anderer Angriffspunkt sind die Datenpakete selbst. Auch die verschlüsselten Daten müssen im Internet transportiert werden. Gelingt es nun, diese Datenpakete bereits am Eintrittsknoten und am letzten Knoten der Kette zu markieren, kann man zumindest den eigentlichen Teilnehmer wieder identifizieren. Beides wird bzw. wurde von der NSA erfolgreich gemacht.

Ein weiteres Problem bei diesen Verfahren ist, daß Sie dem grundsätzlichen Funktionsprinzip des Internets etwas widersprechen. Eigentlich soll das Internet ausfallsicher und gegen Störungen resistent sein. Ist eine Verbindung zwischen zwei Servern (Router[1]) gestört oder überlastet, suchen die Daten sich einen anderen Weg. Die Vielzahl an leistungsfähigen Verbindungen und Routern gewährleistet, daß man heutzutage kaum noch Verzögerungen beim Transport mitbekommt. Für die Verschleierung stehen aber nur wenige Router zur Verfügung über die dann sehr viel Datenverkehr transportiert wird. So kommt es regelmäßig zu deutlichen Geschwindigkeitseinbußen. Vor allem die reduzierte Geschwindigkeit spricht gegen eine permanente Nutzung eins kostenlosen VPN Dienstes.

Hinweis: Die Anonymisierung per VPN bietet keine vollständige Anonymisierung. Wie bereits in den vorherigen Kapiteln ausgeführt, hinterlassen Sie viele Spuren im Web und es gibt mehr als eine Möglichkeit, Sie zu identifizieren.

---

[1] https://de.wikipedia.org/wiki/Router

Quis custodiet custodes?

CyberGhost

CyberGhost[1] VPN ist ein Internet-Anonymisierungsdienst, der durch die CyberGhost S. R. L. im rumänischen Bukarest betrieben wird. Die Firma betreibt mehrere Server in Europa und weltweit für Ihr Netzwerk und bietet u. a. einen kostenlosen Basisdienst an. Im Gegensatz zur kostenpflichtigen Version stehen hierbei dann nur wenige Router zur Verfügung und die Verbindung wird zwangsweise nach fünf Stunden getrennt (kann dann aber wieder neu aufgebaut werden).

Die Bedienung ist einfach und erfordert lediglich die Installation einer Software, die Sie beim Anbieter herunterladen können. Bei der Installation richtet die Software auch ein paar neue Gerätetreiber ein. Dies ist notwendig, damit der Internetdatenverkehr umgeleitet werden kann. Anschließend wird der VPN Dienst gestartet und der Anonymisierungsdienst kann genutzt werden.

Der Dienst wird fortan auch bei jedem Systemstart automatisch gestartet. Wenn Sie dies nicht brauchen, weil Sie CyberGhost nur

[1] http://www.cyberghostvpn.com/

Quis custodiet custodes?

gelegentlich einsetzen wollen und so nur der Systemstart (wie mit jedem Programm) länger dauert, können Sie dies in den Einstellungen (Zahnradsymbol) von CyberGhost deaktivieren. In dem Fall müssen Sie einfach nur zusätzlich den CyberGhost Dienst manuell über das Windows Startmenü starten, bevor Sie anonym surfen können.

1. In der Schnellstartleiste finden Sie das Symbol von CyberGhost, nach dem der Dienst gestartet wurde. Klicken Sie darauf, um das CyberGhost Fenster zu öffnen.

2. Im Fenster von CyberGhost können sehen Sie, daß Sie derzeit über Ihre reguläre IP-Adresse im Internet unterwegs sind und keine Anonymisierung aktiv ist.

3. Sie können in der Liste bei Simuliertes Land einen Router auswählen, über den Ihr Verkehr umgeleitet werden soll. In der kostenlosen Version sind aber nur einige davon nutz-

bar. Notwendig ist eine Vorauswahl nicht. Klicken Sie einfach auf das Symbol mit dem Einschaltknopf, um das VPN zu aktivieren.

4. CyberGhost stellt nun eine Verbindung zu einem (zufällig gewählten) Router her. Dies kann je nach Benutzerandrang kurz dauern. Anschließend wechselt das Symbol in der Schnellstartleiste von grau auf gelb und im Fenster wird Ihnen der neue virtuelle Standort von Ihnen angezeigt.

5. Solange CyberGhost aktiv ist, sind Sie nun ein wenig anonymer im Internet unterwegs. Sie können wie gewohnt weiterhin surfen, E-Mails schreiben usw.

6. Wenn Sie keine Anonymisierung mehr benötigen, schalten Sie den Service einfach aus.

7. Mit einem Rechtsklick auf das CyberGhost Symbol in der Schnellstartleiste können Sie das Menü dort öffnen und den Dienst auch komplett beenden.

Probieren Sie es aus: Wenn Sie jetzt nach Immobilien such, wird Google Ihnen völlig neue Webseiten vorschlagen. Da Google die meisten IP-Adressen von CyberGhost kennen dürfte, bekommen Sie aber immer noch kein völlig neutrales Suchergebnis.

Tor

Im Gegensatz zu CyberGhost stellt das Tor Netzwerk[1] kein virtuelles privates Netzwerk dar und ist auch nicht kommerziell ausgerichtet. Es gibt keinen zentralen Betreiber der Router sondern private Nutzer und Firmen stellen diese (oder zumindest Teilleistungen auf einem für andere Zwecke genutzten Server) der Gemeinschaft frei zur Verfügung. Je nach Engagement kann man hierfür kleine Dienste oder auch komplexe Angebote zur Verfügung stellen. Die Hauptlast des Netzwerkes läuft über die sogenannten Entry Guards. Das sind die ersten Router in der Kette der Zwischenknoten. Weil die Router größtenteils von privaten Nutzern gesponsert werden, ist die Datengeschwindigkeit relativ gering und es gibt keine Möglichkeit sich durch Zahlung eines Mitgliedsbeitrages mehr Leistung zu erkaufen. Dafür werden die Daten über mehrere Zwischenknoten anonymisiert und diese werden alle zehn Minuten gewechselt.

Nach dem es mit einer speziellen Tor Software Probleme gab, gibt es inzwischen kein Programm mehr, welches den gesamten Datenverkehr eines Computers anonymisiert. Da Tor vor allem zum anonymen Surfen benutzt wird, gibt es eine speziell angepaßte Version des Firefox Browsers. Dieser Tor Browser wird parallel zum normalen Browser installiert. Sobald man mit dem Tor Browser surft, geschieht dies immer anonym über das Tor Netzwerk. Der Browser ist so konfiguriert, daß er ein Maximum an Sicherheit bietet und möglichst keine Daten über Sie preis gibt oder speichert. Dazu gehört auch, daß einige der bekannten Addons bereits vorinstalliert sind.

---

[1] https://www.torproject.org

Quis custodiet custodes?

Sie müssen sich also nur den Browser von der Homepage von Tor herunterladen, installieren und können sofort anonym surfen. Es wird allerdings kein Startsymbol angelegt, sondern ein Ordner namens *Tor Browser* auf dem Desktop. Wenn Sie diesen öffnen, finden Sie dort die Anwendung *Start Tor Browser*, die dann den Browser startet (Doppelklick).

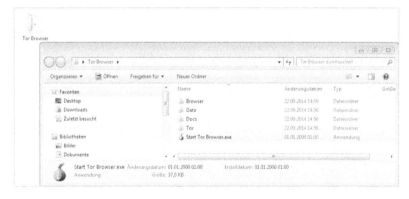

10 Fazit

Wie Sie hoffentlich sehen, ist die Nutzung von hochwertiger Verschlüsselung im Alltag gar nicht so aufwendig. Selbstverständlich muß man sich erst einmal ein wenig mit der Materie beschäftigen, das Verfahren verstehen, die Software installieren und konfigurieren. Aber wenn das erledigt ist, läuft der Rest fast automatisch ab und kostet kaum noch weitere Zeit. Der Gewinn ist aber beträchtlich, denn in Zukunft haben Sie ein probates Werkzeug an der Hand, um ein Zeichen gegen Datensammler zu setzen und Ihre Privatsphäre und Ihre Freiheitsrechte zu beschützen und zu verteidigen.

Je mehr mitmachen, desto leichter fallen der Umgang und die Integration in den Alltag. Geben Sie dieses Dokument weiter und fordern Sie Ihre Bekannten, Freunde und Kollegen auf, es Ihnen gleich zu tun und PGP zu nutzen. Sie können auch eine Signatur erstellen und diese am Ende einer jeden E-Mail automatisch mitverschicken und so darauf aufmerksam machen, daß Sie PGP nutzen und wo man mehr dazu erfahren kann. Wie man Signaturen in Thunderbird[1] und Outlook[2] erstellt, steht im Web. Wie wäre es mit

```
--

Ich     nutze    PGP.    Mach     auch     mit:
http://pgp.blafusel.de/
```

---

[1] http://www.thunderbird-mail.de/wiki/Eine_Signatur_erstellen
[2] http://office.microsoft.com/de-de/outlook-help/erstellen-und-hinzufugen-
einer-signatur-fur-eine-e-mail-nachricht-HA010352514.aspx

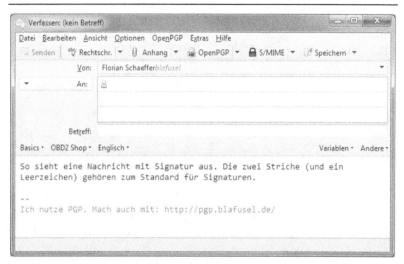

Wenn ihre E-Mailpartner resistent bleiben, macht es auch nichts: Sie können trotzdem mit ihnen wie gewohnt E-Mails austauschen. Und wenn Sie ganz rigoros sein wollen, dann erklären Sie Ihren Kommunikationspartnern, daß Sie in Zukunft nur noch mit signierten/verschlüsselten E-Mails kommunizieren werden und diejenigen, die sich nicht beteiligen wollen, ignorieren. Lassen Sie sich nicht von anderen riskante und unsichere Kommunikationswege aufdrängen, nur weil sie nicht bereit sind, ihre Kommunikation abzusichern. Der Tag wird hoffentlich kommen, an dem wir alle verschlüsseln und es ganz normal sein wird und wir kopfschüttelnd zurückblicken und uns fragen werden, wie wir damals nur so unvorsichtig und blauäugig sein konnten. "Vielleicht nicht heute, vielleicht nicht morgen, aber bald und dann für den Rest deines Lebens."[1] Oder, um es mit Grönemeyer zu sagen[2]:

---

[1] Rick im Film *Casablanca*, https://de.wikipedia.org/wiki/Casablanca – Ich wiederhole mich…

[2] Songtext *Jetzt oder nie*, Herbert Grönemeyer, Album: 4630 Bochum

jahrelang überwacht

...

Sie werden dich fotografier'n
sie werden dich registrier'n

...

Kämpfen für ein Land,
wo jeder noch reden kann
herausschrei'n, was ihm weh tut
wer ewig schluckt, stirbt von Innen

...

Wir werden dosiert zensiert,
Menschen achtlos diffamiert
wie eine träge Herde Kühe
schau'n wir kurz auf und grasen dann gemütlich weiter

...

wir warten immer zu lange
die Zeit rennt weg, wir müssen's angeh'n

...

jetzt oder nie mehr
jetzt oder nie
wascht ihr nur eure Autos